JN027826

動ける体を取り戻す！

毎日が楽しく
自由に動く
体になる

人生100年いきいき動ける

大人のストレッチ

柔軟美トレーナー
村山 巧

徳間書店

はじめに
体が硬くなりつつある方への
ストレッチのススメ

はじめまして。柔軟美トレーナー®の村山　巧（むらやまたくみ）です。

私自身、以前は前屈しても床に指が届かないほどの激硬人間でした。それが体を柔らかくすることに夢中となり、指導のかたわら自らを実験台にして追求しています。本書では、**「動きのお悩み」を解決に導くための筋肉ごとの柔軟方法をまとめています。**レッスンを行っていくなかで受講者の皆さまから「〇〇の動作が苦手です、どうしたらいいですか？」という質問が多く、広く実践していただくために本書の刊行に至りました。

年齢を重ねると、私たちの体は筋肉が徐々

ストレッチで
健康な体を
取り戻しましょう!

はいっ!

に弱くなり、柔軟性が低下します。結果、日常生活に悪影響を与える可能性も否定できません。若い頃は普通にできたこと、例えば棚の上の方に手を伸ばしたり、靴下を履いたり、背中を手でかいたりなど、自然にできなくなったと感じることがあるでしょう。

つい「老化だから」とあきらめがちですが、**私たちが積極的に体を動かし、関節の可動域を広げないかぎり、動ける範囲がさらに減少してしまいます。**結果的に、体本来の機能が弱まる悪循環に陥ってしまうのです。

ぜひ本書のメソッドで、「動きにくい……」が「動きやすい！」になる瞬間を感じ取ってください。体を柔らかくしたいという夢や憧れをかなえることを願っています。**さあ、あなたも若い頃の体を取り戻して、日々の暮らしをすっきり快適にしましょう！**

柔軟美®トレーナー　村山 巧

体が柔軟になることによるメリット

1. 日々の体活動を行う能力を向上させます。
2. ケガ（骨折や筋肉の緊張）のリスクを軽減します。
3. 体のバランスを改善し、転倒のリスクを減らします。
4. 慢性的な体の痛みを軽減します。
5. 筋肉のパフォーマンスが向上し、運動がしやすくなります。
6. 血流循環の増加、冷えやむくみに効果があります。
7. 姿勢を改善し、より若々しさを保つのに役立ちます。
8. 日常生活の中で動き回るのがずっと楽になります。
9. 手の届きにくい場所に手を伸ばすことができます。

このほかにも、さまざまな**メリット**があります。

ストレッチで激変！

体がこんなに柔らかくなる!!
動きがこんなにラクになる!!!

本書で紹介する「トップギアストレッチ」を、年齢、性別、
運動歴もバラバラの５人に体験していただきました。
ミドル、シニア世代の方々の、
短時間でのストレッチ効果をご覧ください。

なりたい自分に向けて柔軟性向上に励む方々の、うれしい体の変化を紹介します。「激硬さん」が「しなやかさん」になるまで、柔軟性を手に入れましょう。次は皆さんの番です！

あなたもできるようになります！

ストレッチを愛するにんげん.

Before
背中反らしがうまくできない……

After
上を見られるように!

主に行ったストレッチ：⑬ ⑭ ⑲ ※

川島早苗さん（54歳）
趣味：ヨガ

川島さんは47歳の時に始めたヨガの魅力に引き込まれ、今ではヨガスタジオなどでインストラクターとして活動しています。そして、ヨガで培った柔軟性をさらに高めたいとの思いから、「トップギアストレッチ」を行うようになりました。ヨガスタジオで指導する直前に行うと、いつもよりポーズに入りやすくなったとのことで、ストレッチを継続しているそうです。

今回は背中反らしを美しくするために、太ももや腰周りなど体の前側をストレッチしました。体の前側が柔らかくなることで、背中を弓なりに反らすことができるようになりました。

※P.15からの目次でストレッチ番号を確認しましょう！（以下同）

After
ラクラク開くように！

Before

股関節が硬くて、なかなか開かない

主に行ったストレッチ：⑰ ⑱ ㉑

フルマラソンを完走するのが夢だという宮本さん。実はこれまで幾度もチャレンジしてきているとのことです。そんなマラソンランナーの人に多いお悩みの一つがお尻周りの硬さです。お尻周りや太もも周りが硬くなると、股関節の可動域が狭くなり、脚が上がらず歩幅が小さくなってしまうのです。

今回はお尻周りと、特に太ももの外側のストレッチを行いました。ストレッチ前は股関節が硬くて脚が広がりませんでしたが、ストレッチ後は股関節の可動域が広がりました。足を広げた時のひざの位置が、見違えるように床に近くなっています。

宮本晶子さん（54歳）
趣味：マラソン

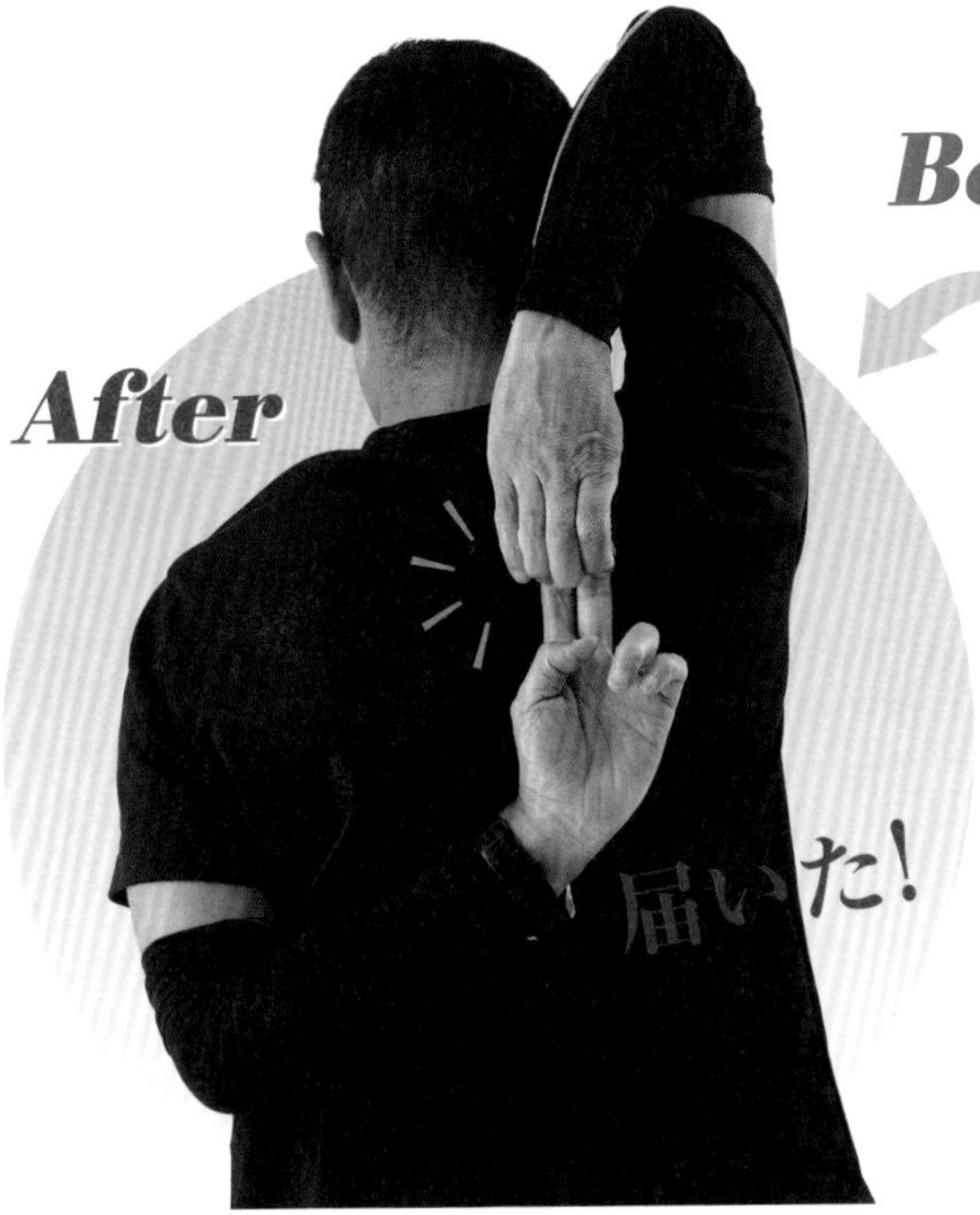

背中握手に挑戦!

主に行ったストレッチ：④ ⑤ ⑥

須田知身さん(57歳)
趣味：トライアスロン

2人の息子さんたちと一緒にできるスポーツをということで、50歳からトライアスロンを始めた須田さん。チャレンジャーらしく「トップギアストレッチ」を続け、左右開脚で前屈ができるまでになりました。

下半身の柔軟性はランやバイクではとても重要です。加えてスイムのスピードを上げるには、手で水をかく時に必要な肩周りの柔軟性が重要になります。

そこで、須田さんには肩周りを中心に胸周り、背中周りのストレッチを行って背中握手に挑戦してもらいました。結果はご覧のとおり。見事に指同士が届きました。

床に手のひらが届いた！

どんなに頑張っても手が床に届かない

主に行ったストレッチ：⑰ ㉒ ㉓

岩瀬史明さん（39歳）
趣味：子どもとサッカー

リモートワークでパソコンの前に座っている時間がとても長くなり、体が硬くなるだけでなく腰痛が悪化してしまったという岩瀬さん。よくお子さんと公園でサッカーボールを蹴って遊ぶそうですが、動きが悪いしケガでもしないかと不安に感じていました。

下半身の後ろ側の筋肉が硬くなると、腰痛を引き起こす可能性があります。そこで、岩瀬さんにはお尻周りからふくらはぎまでのストレッチをやってもらいました。ストレッチ前は体が激硬で、前屈で指先が床に届きませんでしたが、ストレッチ後は手のひらがベターッと床につくほど柔らかくなりました。

腕がまっすぐ上に上がらない

Before

真上に上がるように！

After

主に行ったストレッチ：⑦⑧⑨

前屈は苦手で

黒木龍夫さん（65歳）
趣味：ビリヤード

ビリヤードが趣味だという黒木さんは、肩を上げようとすると引きつるような痛みを感じていました。若い頃に肩を骨折したことも影響して、特に右腕が上げにくかったといいます。肩の動きが悪いと、キューを突く動きがスムーズでなくなり、また、フォーム全体にも影響が出るようです。

　バンザイをすると両手の間に大きな空間ができていたので、肩周りや胸周り、背中周りと上半身を広くストレッチしてもらいました。すると、ストレッチ後には腕が真上に上がり、両手が頭の真上でつきそうになるくらいまで肩周りが柔らかくなりました。

硬い体のままだと、将来的にケガをしやすくなることも

「体が硬くても、これまでなんの不自由もなかった」という方もいらっしゃるでしょう。しかし、人間の体は年齢を重ねるにつれて徐々に硬化していきます。体が硬いまま何もしないでいると、**関節の可動域が狭まって動きが鈍くなり、ケガをしやすくなる傾向があります。**

東京消防庁のデータ（令和元年調べ）によると、日常生活における事故で約8万人の高齢者が医療機関に救急搬送され、そのうち「ころぶ」に分類される事故が約6万人（全体の8割以上）を占めています。今から生活を工夫することで、転倒による骨折を防ぎ、骨折に伴う寝たきり・要介護の状態を予防することができるでしょう。

体の柔軟性は各関節の可動域に関係し、その周りの筋肉や腱、靭帯、皮膚などが大きく関わっています。例えば、股関節が硬い＝股関節を動かす時に使う筋肉が硬いといえます。

体の動きが自由自在に！

体の本来の動きを取り戻せると、体のさまざまな部位のこりや痛みを取り除くこともできます

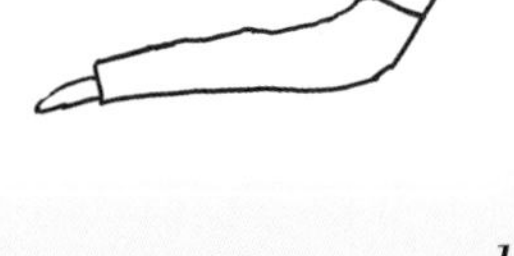

柔軟性の低下は体の動きに影響するだけでなく、腰や肩の痛みを引き起こすこともあります。逆に、日々のストレッチにより体の柔軟性を保つことで、**動きが軽くなり、年齢を重ねても若い頃と同じような生活を送ることができる**のです。

　私が大人の方々に指導をするなかで感じるのは、**「年齢を問わず体は柔らかくなる」**ということ。これまで体をあまり動かさなかった方でも、ストレッチを継続することで柔軟に変化したのを幾度も目にしています。70代の方でも徐々に柔らかい体を取り戻しています。**もう硬い体だから……とあきらめず、しなやかな新たな自分と出会ってみませんか？**

　本書で紹介するストレッチ方法は、ほんの数分でも体の変化へと導かれるので、まずはワクワクしながらトライするといいでしょう。例えば片側だけ行って、その後、左右の動きをチェックすると、行った側だけ「アレ？　軽くなった!?」といった気づきがあると思います。変化が出てこそ楽しいもの、ぜひ前後の違いを感じ取ってください。

　日々の生活に取り入れられるものも数多くあります。ぜひストレッチを習慣にして、「人生100年時代」ともいわれる現代において、より快適で豊かな人生を送りましょう！

動きが軽くなり毎日の生活が楽になる!

5分ほどストレッチをしただけで、足がぐっと上がるようになりました。下半身が柔軟になると、歩いたり階段を登ったりするのも楽になります

短期間で大きな効果を生む「トップギアストレッチ」

「動ける体」を取り戻すため、本書で提案するのが**「トップギアストレッチ」**です。これは長年の指導経験をもとに体系化した、**短時間で大きな効果を生むストレッチ**で、**「筋膜アプローチ」「静的ストレッチ」「脳科学アプローチ」**という3つの方法から成り立っています。

まず、「筋膜」は筋肉と皮膚の間にあり、全身の筋肉を覆っています。体の内部を立体的に包み込んでいるため、「第二の骨格」といわれるほど重要な役割を担っています。普段の生活のなかで、座りっぱなしだったり、姿勢が悪いままスマホを見続けていたりすると、この筋膜はゆがんでいきます。そして、

筋肉や関節が本来の動きを取り戻せる
筋膜アプローチ

筋膜アプローチ→静的ストレッチ→脳科学アプローチと段階的に行うと、より大きな効果があります

↓

筋肉を和らげ可動域を広げる
静的ストレッチ

※一部、筋膜アプローチまたは脳科学アプローチがないストレッチがあります

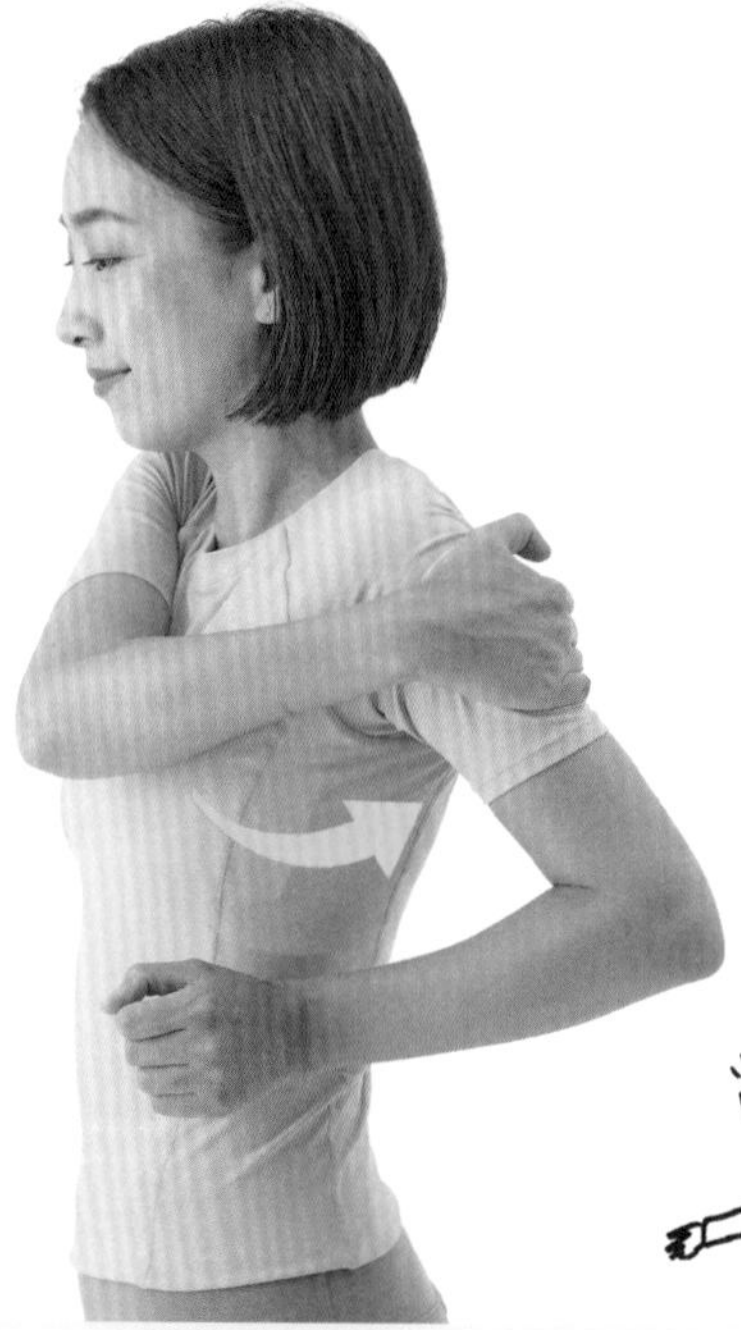

それを放置したままでいると、筋肉や関節の動きが悪くなってしまうのです。

　その**ゆがみを正常に戻すことで筋肉や関節に本来の動きを取り戻せるようにするのが、「筋膜アプローチ」**です。そして「静的ストレッチ」では、「筋膜」が緩んだことで深い伸び感を得られるでしょう。

「脳科学アプローチ」は、もっと体を伸ばしたい方に最適。「もうこれ以上、脚が開くわけがない」というような心理的な〝無意識のブレーキ〟を外すストレッチです。筋肉を一度強く筋収縮させ、その後に弛緩させることで、**無意識のブレーキが外れ、短時間で筋肉や関節が本来持っている可動域を覚醒させることができる**のです。

　この3種類のストレッチを順番に行う「トップギアストレッチ」で、体が本来の動きを取り戻して柔軟性が増し、**以前のような体の軽快な動きが取り戻せるようになります。**

反射・反応を利用し
筋活動を改善する
脳科学アプローチ

手で頭を倒す動作に抵抗して、
頭を押し戻そうと3秒間抵抗します

頭で抵抗するのをやめて、3秒間脱力します。
この時、頭を倒そうとする動作は続けます

- 筋膜アプローチ・静的ストレッチ時の動く方
- 脳科学アプローチ時の抵抗する方向
- 脳科学アプローチ時の倒す方向
- 脳科学アプローチ時に意識する部分

CONTENTS

Introduction
はじめに

Session 1
体のこんなお悩みはありませんか？

Session 2
体のお悩みを解消するストレッチ【上半身編】

Session 3
体のお悩みを解消するストレッチ【下半身編】

Session 4
毎日の生活のなかで「〜ながら」ストレッチ

【本書で紹介するストレッチを行う際の注意点】

●体調が悪い時やケガをしている時、妊娠中、飲酒後などは行わないでください。
●高血圧症や心臓病などの持病があり、加療中の方は行わないでください。
●自分の柔軟性に合わせて体に無理のない範囲で行ってください。
●ストレッチ中に強い痛みを感じたら、無理をせずに中止してください。
●転倒に注意し、不安定な姿勢になる場合は壁や床に手をつくなどして
安全に行ってください。

モデル紹介

小山ゆか.

ピラティス、マスターストレッチインストラクター

1982年広島生まれ。19歳で歌手デビュー、CDリリース。より魅力的な声を求めるなかで取り入れたピラティスに魅了され、ピラティストレーナーとしての活動を開始。

より高いレベルを求め、2015年マスターストレッチ、ボディキーの開発者Pino Carbone氏のイタリア研修に参加。西麻布パーソナルジムにて「分かりやすく楽しいレッスン」と指名率No.1に。

結婚・出産を経て、Lila Bodymakesalonを設立。女性のライフステージに合わせた“ゆるめてととのえる”レッスンは、同世代の女性だけでなく、プロのボディワーカー専門家から多くの信頼を得る。現在は福岡を拠点に、オンライン&スタジオで活動中。 Instagram @yukavcplts

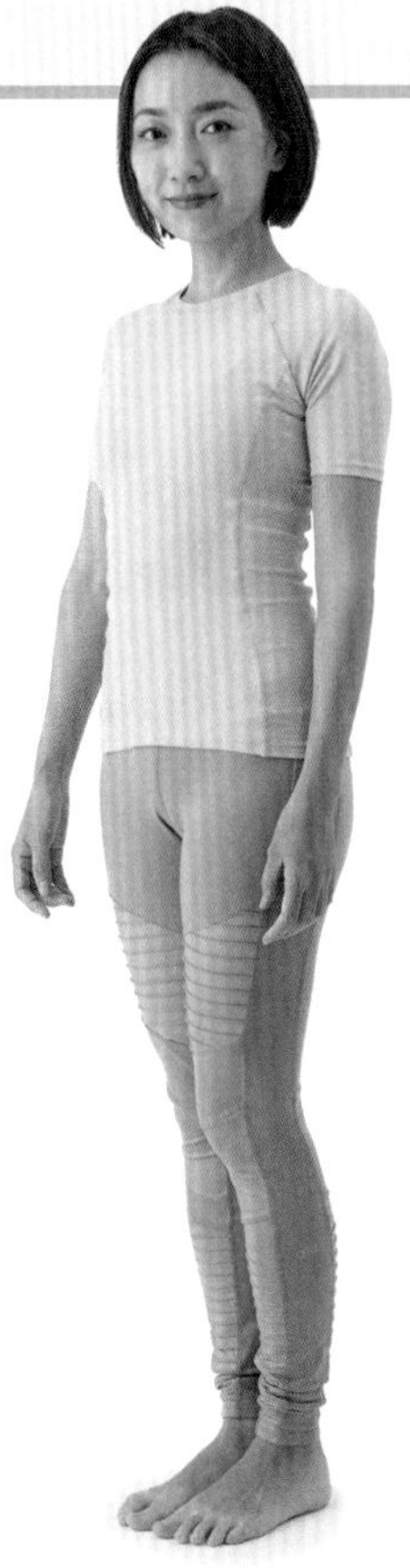

あると便利なストレッチグッズ

本書では、ストレッチ効果を短時間で高めるために、いくつかのアイテムを使用しています。フォームローラーなどは、持っていなくても身近なもので代用することができるので、身の周りで使えるものがないか探して工夫してみてください。

フォームローラー

ゴツゴツした部分が筋膜を押しほぐします。直径10cmが目安。バスタオルやタオルを巻いた瓶で代用可。

タオル

床に敷いてひじやひざを保護したり、足にかけたりして使います。フェイスタオルやバスタオルで十分です。

テニスボール

太ももの裏やお尻など大きな筋肉を刺激する時に使います。ゴルフボールやラクロスのボールもおすすめ。

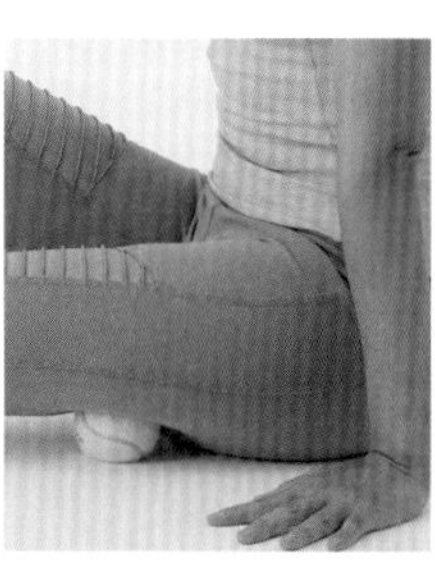

ゴルフボール

本書では主に足の裏を刺激する時に使います。硬いと感じる場合は、タオルの結び目を利用しましょう。

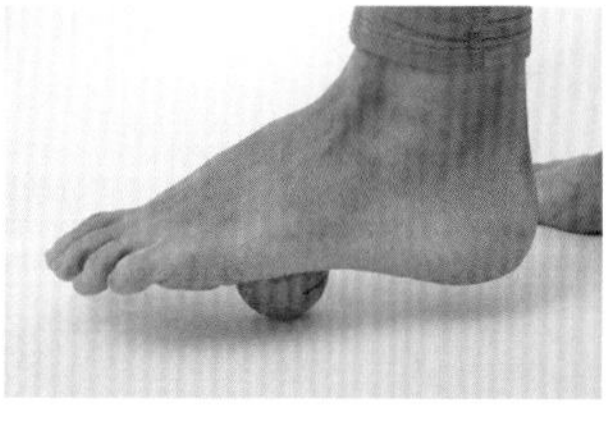

Session 1
体のこんなお悩みはありませんか?

日常生活での動きにくさを感じている人は、
一度、普段の悩みを洗い出してみましょう。
年だから当たり前と、あきらめは禁物。
ストレッチで解消です!

お悩み❶
首周り

体重の10％の重さがあるといわれている頭は、首が支えています。ただでさえ重い頭を支えているのに、スマホをよくない姿勢で見続けたり、パソコンを使ってのデスクワークが多くなったりすると、首周りの筋肉が硬くなってしまいます。

影響する動作

- 上や下を向きにくい
- 首を回しにくい
- 左右を向きにくい
- 腕を上げにくい
- 後ろを振り向きにくい

近頃……

体操の時に
首がうまく回らない

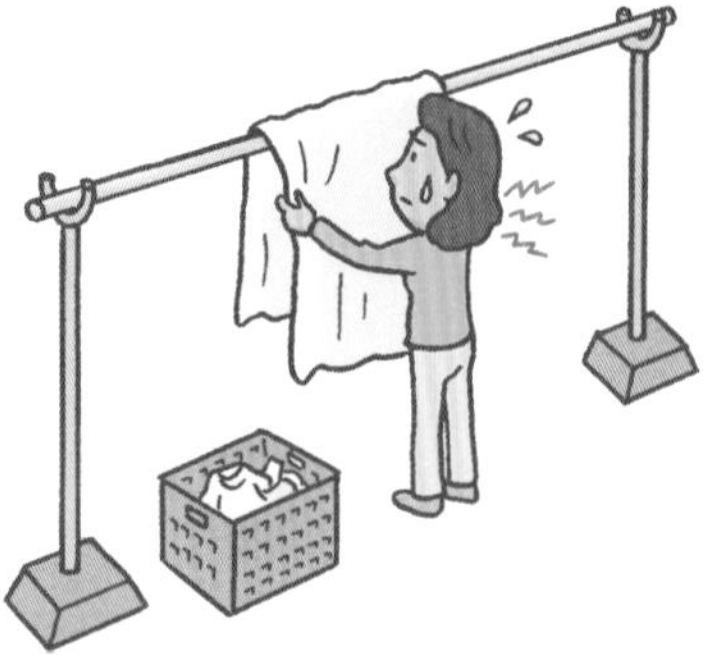

物干し竿に
洗濯物を干しにくい

うがいをする時に
上を向けない

自転車で左右の
確認がしづらい

その原因は

- ☑ 同じ側ばかり頬づえをついている
- ☑ うつむいた姿勢で
スマホを長時間見ている
- ☑ パソコン操作などの
同じ姿勢が続く

首周りのお悩みに関連する主な筋肉

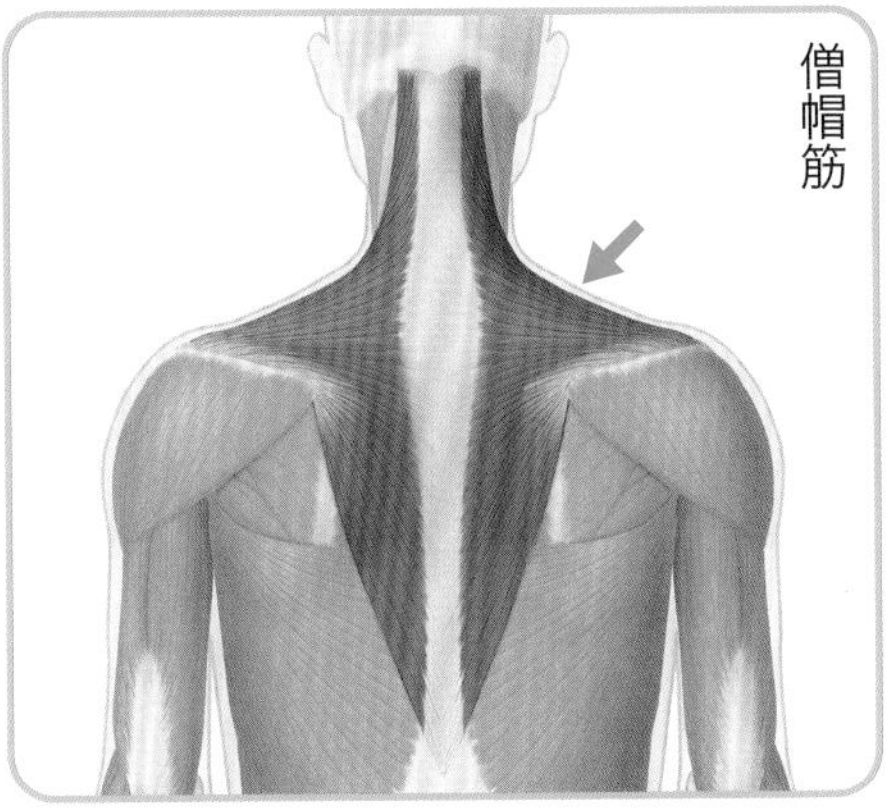

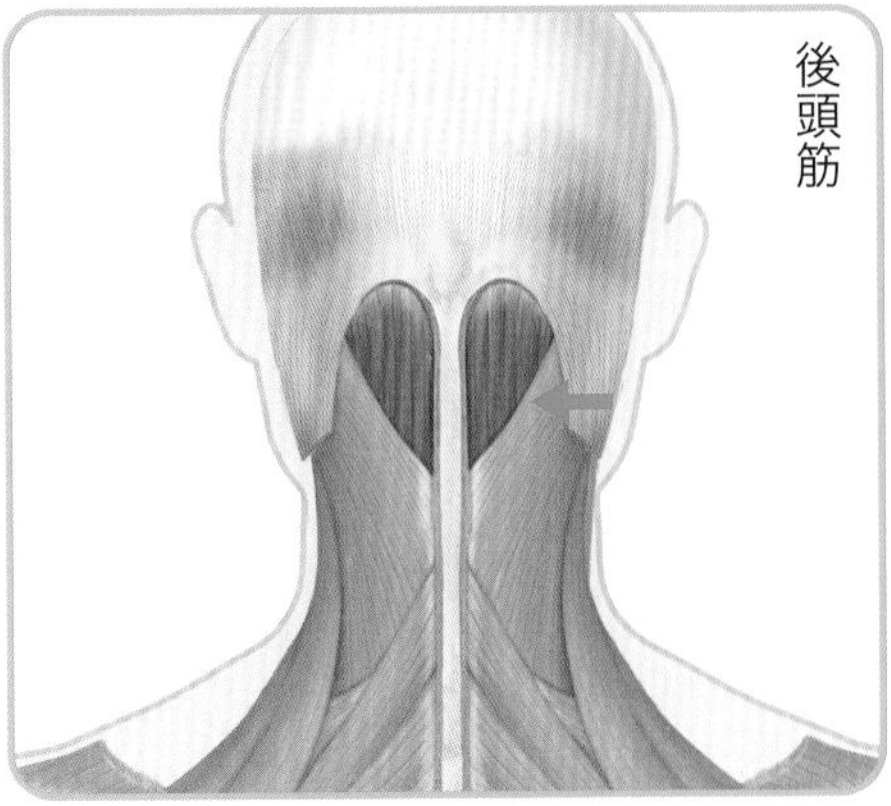

運転時の確認不足で「ヒヤッ」とすることも

　後頭筋は後頭部の浅いところにある筋肉で、頭蓋骨の筋膜を後ろに引く働きをします。後頭筋が硬くなると、頭の前や横側の筋肉も硬くなるほか、表情筋にも影響して顔の表情がまさに硬くなります。

　首周りの筋肉が硬くなると、上下左右に首を動かしにくくなり、うがいや洗濯物を干す時に上を向きづらくなったりします。自転車や車で左右・後方確認をしたはずなのに「ヒヤッ」とした経験がある人は、首を左右・後方に十分に動かせず、確認不足になっていた可能性があります。

　僧帽筋は首の「ぼんのくぼ」あたりから肩、背中の上部にある広い筋肉で、肩甲骨を背骨の方に引き寄せる働きをしています。僧帽筋は鎖骨や肩甲骨についているため、この筋肉が硬くなると骨の位置が正しくなくなり、首や肩のこり、痛みが発生します。さらには、呼吸にも悪影響を及ぼすことがあります。

　また、僧帽筋がついている鎖骨から頭の横につながる胸鎖乳突筋、僧帽筋の内側にある肩甲挙筋や菱形筋にも影響を及ぼすことでも、首や肩のこり、筋肉の動かしにくさを感じます。

このお悩みを解決するストレッチ

①後頭筋（P.40）
②僧帽筋（P.43）
③胸鎖乳突筋／広頸筋（P.46）

お悩み❷

肩周り

本来、人間の体で一番動いているのは腕も含めた肩周辺です。でも最近は、パソコンやスマホ、生活家電の普及、そのほかの面でも日常生活が便利になりすぎ、肩を動かす機会が減っています。四十肩、五十肩の予防・改善のためにも柔軟性が重要です。

影響する動作

・いかり肩になる
・腕を上げにくい
・首を回しにくい
・腕を後ろに引きにくい
・肩がこる・張る

近頃……

背中を洗いにくい

上にあるものが
取りにくい

ワンピースのファスナーが
閉められない

服の袖に腕を
通しにくい

その原因は

☑ スマホを見る時間が長い

☑ パソコン操作などの
同じ姿勢が続く

☑ 緊張によるこわばり

肩周りのお悩みに関連する主な筋肉

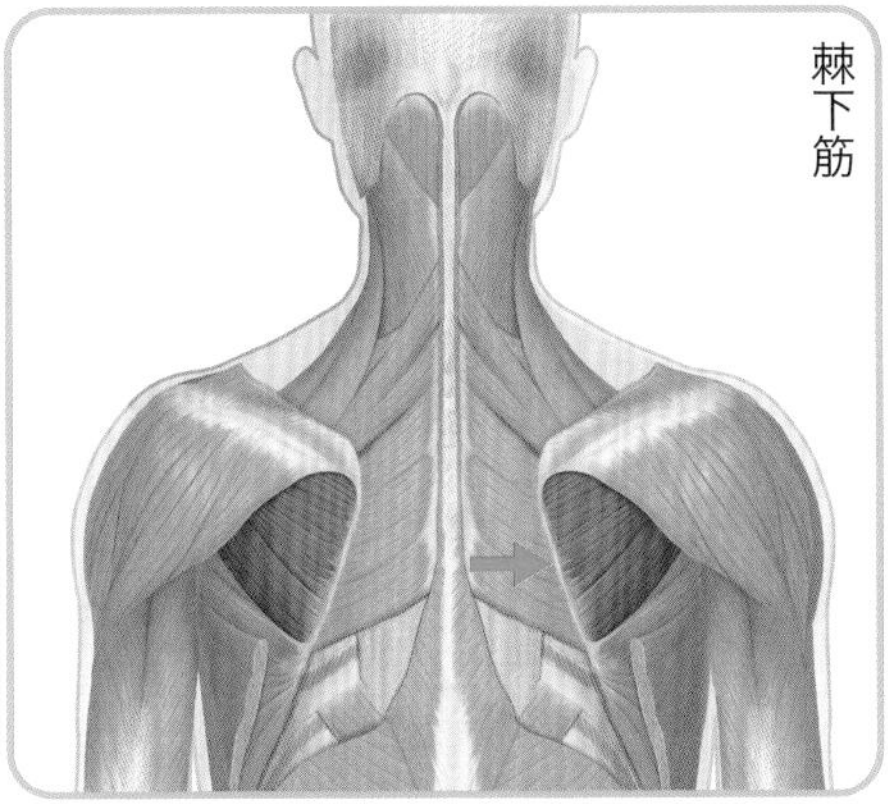

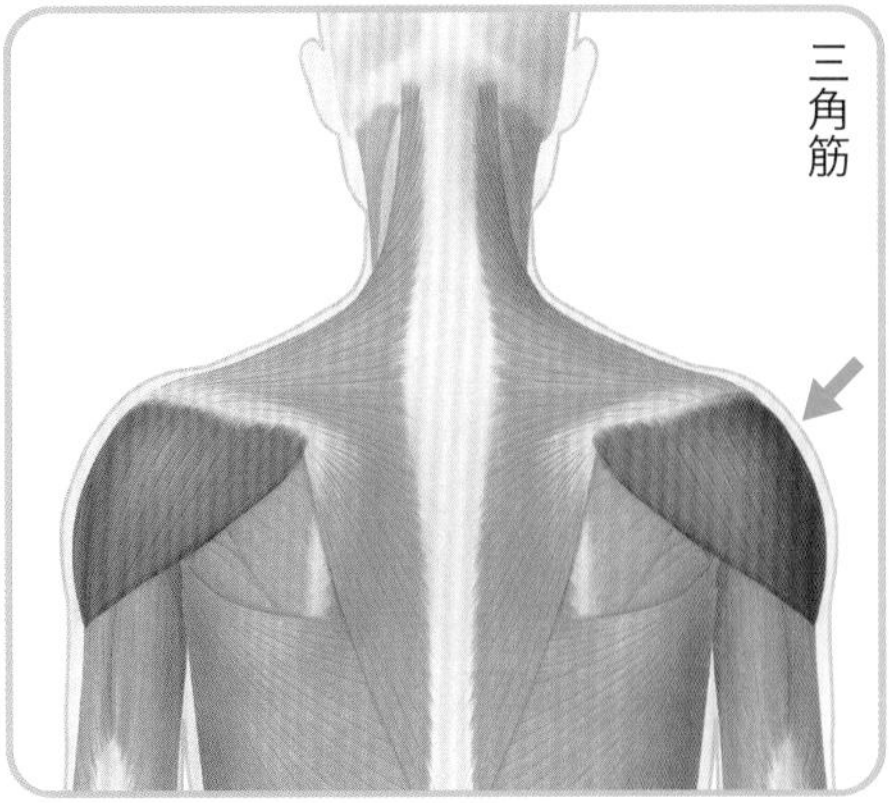

胸の筋肉も加わって腕の動きをコントロール

三角筋は肩の盛り上がっている部分の筋肉で、腕の動き全体をコントロールしています。細かく分けると前部、中部、後部と3部位あり、それぞれ働きが異なります。主に中部で腕を外側に上げ、前部は肩関節を内側に、後部は外側に回す働きもあります。

スマホを体の前に持って長時間見続けたり、パソコンのキーボードを長時間打ったりして三角筋が硬くなると、肩全体の動きが悪くなります。特に前部が硬くなると腕を背中に回しにくくなり、中部や後部が硬くなると腕を体の前に回しにくくなります。

棘下筋《きょくかきん》は肩甲骨から腕の骨の一番上（肩の先端）につながっている筋肉で、棘上筋、小円筋、肩甲下筋と合わせて「回旋筋腱板（ローテーターカフ）」と呼ばれるインナーマッスルの一つです。棘上筋、小円筋とともに目の前のものを払いのけたり、「なんでやねん！」と漫才でツッコミを入れる動きなどで働きます。

三角筋や「回旋筋腱板」だけでなく、大胸筋などの胸の筋肉が硬くなると、腕の動きが悪くなります。

このお悩みを解決するストレッチ

②僧帽筋（P.43）
④三角筋（P.48）
⑤棘下筋（P.52）
⑥棘上筋（P.55）
⑧大胸筋（P.60）
⑩菱形筋（P.68）

お悩み❸ 背中周り

長時間のデスクワークで背中に負担をかけたり、横座りなどで左右バランスの悪い姿勢が続くと、背中の筋肉が硬くなります。すると、正しい姿勢が維持できなくなったり、つま先に手が届かなくなったりするほか、背中のこりや腰痛の症状が現れます。

影響する動作

- 背中がつる
- 体をひねりにくい
- 上半身を反りにくい
- 前屈しにくい

近頃……

足の爪が切りにくい

背中が丸まってきた

自動車でバックする時に
目視しにくい

あぐらをかくと
後ろに倒れる

その原因は

☑ 高さの合わないイスや机を使用

☑ 両脚を片側に投げ出して座る

☑ 過度なエアコンによる冷え

背中周りのお悩みに関連する主な筋肉

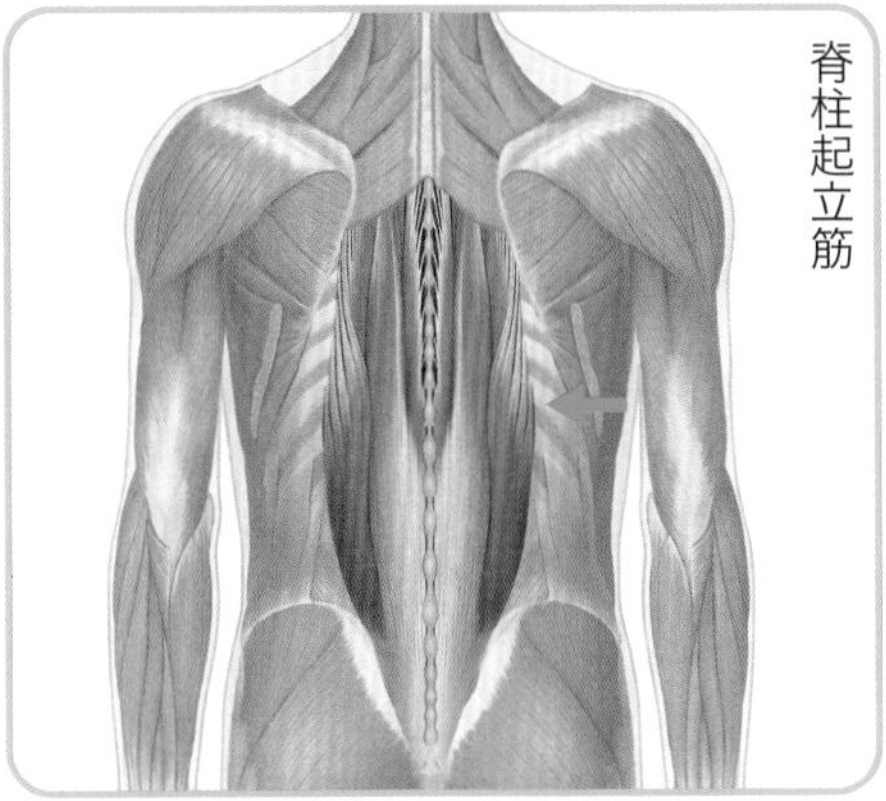

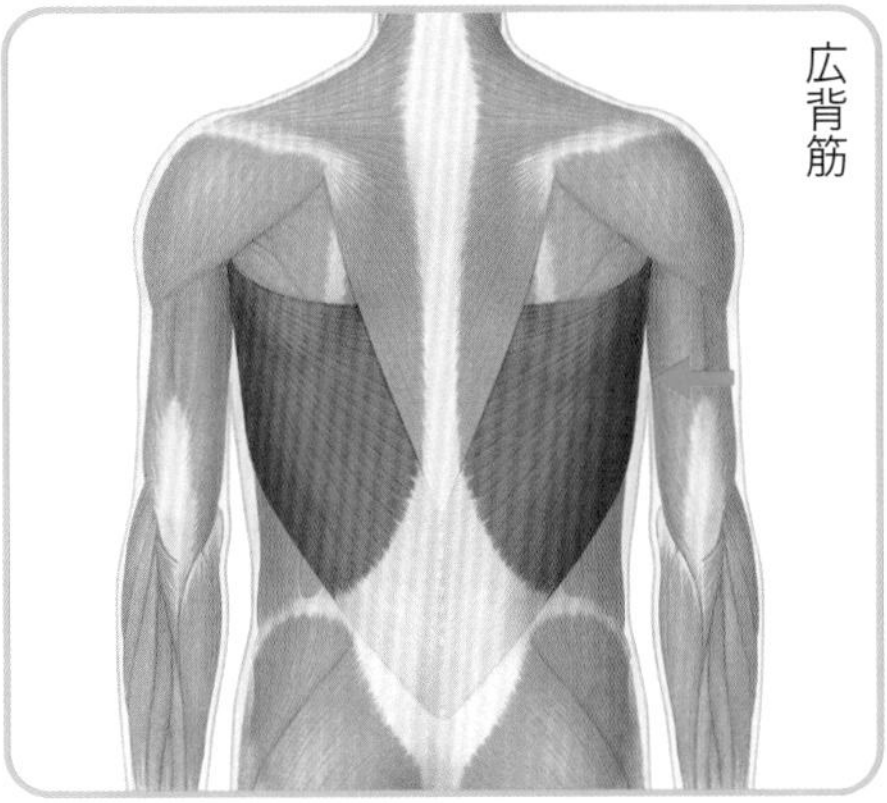

背すじがピンとして逆三角形の体を作る

広背筋は背中から腰にかけて、逆三角形の形をした筋肉です。ボディビルダーなど筋肉モリモリの人が逆三角形の体をしているのは、この広背筋が発達しているからです。

クロールで水をかく時の最後の動作や、壁をよじ登る時に腕で体を引っ張り上げる動きなど、上に上げた腕を下ろす時に働きます。また、咳をする時にも使われます。

広背筋が硬くなると、腕をスムーズに振り下ろせないほか、お腹の腹斜筋とつながっている部分もあるため、腰をひねる動作がスムーズにできなくなります。

脊柱《せきちゅう》起立筋《きりつきん》は、首から骨盤にかけて、背骨の両側にある「腸肋筋《ちょうろくきん》」「最長筋」「棘筋」の筋肉を合わせて言います。その名のとおり脊柱（背骨）を立てている筋肉で、人間が立っていられるのもこの筋肉のおかげです。体をひねったり横に倒したりする働きもあります。

脊柱起立筋が硬くなると、反対側の腹筋に負担がかかります。また、背骨の関節にも負担がかかり、腰痛の原因にもなります。前後左右の動きや姿勢の維持には、柔軟で「働いてくれる」脊柱起立筋の存在が欠かせません。

このお悩みを解決するストレッチ

②僧帽筋（P.43）
⑦広背筋／腰方形筋（P.57）
⑪脊柱起立筋（P.71）

お悩み❹
腕周り

腕というと、物を持ち上げたり何かを握ったりと筋力に気が行きがちです。しかし、柔軟性がなければ筋力を生かすことはできません。細かい動きもスムーズに行えなくなります。肩周りの筋肉にも負担をかけるので、腕の筋肉の柔軟性は重要です。

影響する動作

- 胸を開きにくい
- 肩がこる
- 手首を動かしにくい

近頃……

包丁が握りにくい

背中をかきにくい

ゴルフのスイングがしにくい

物を上に持ち上げにくい

その原因は

- ☑ スポーツ時に同じ側ばかり動かしている
- ☑ パソコン作業で指ばかり酷使している
- ☑ 頬づえばかりついている

腕周りのお悩みに関連する主な筋肉

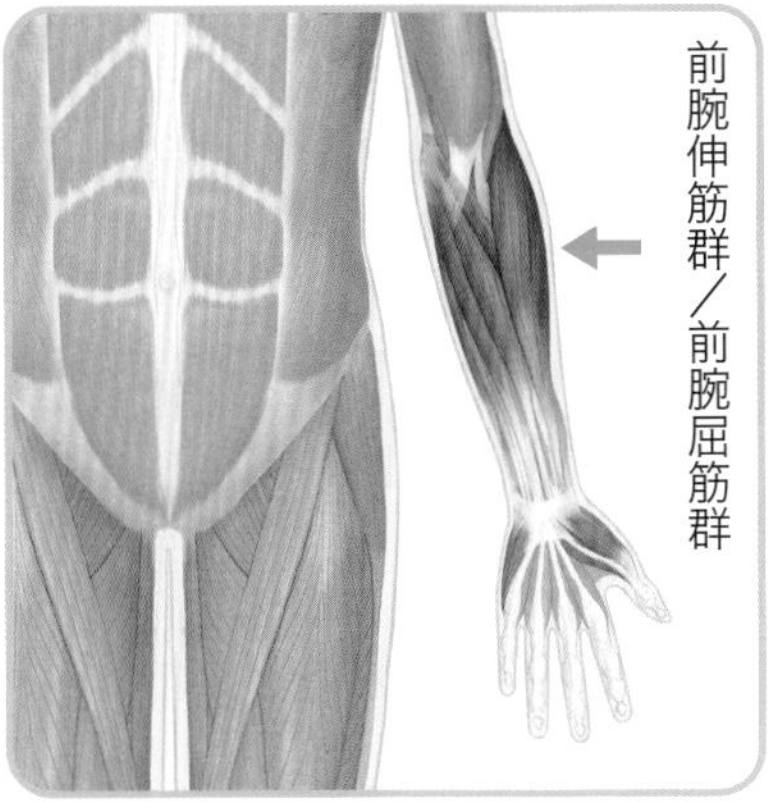

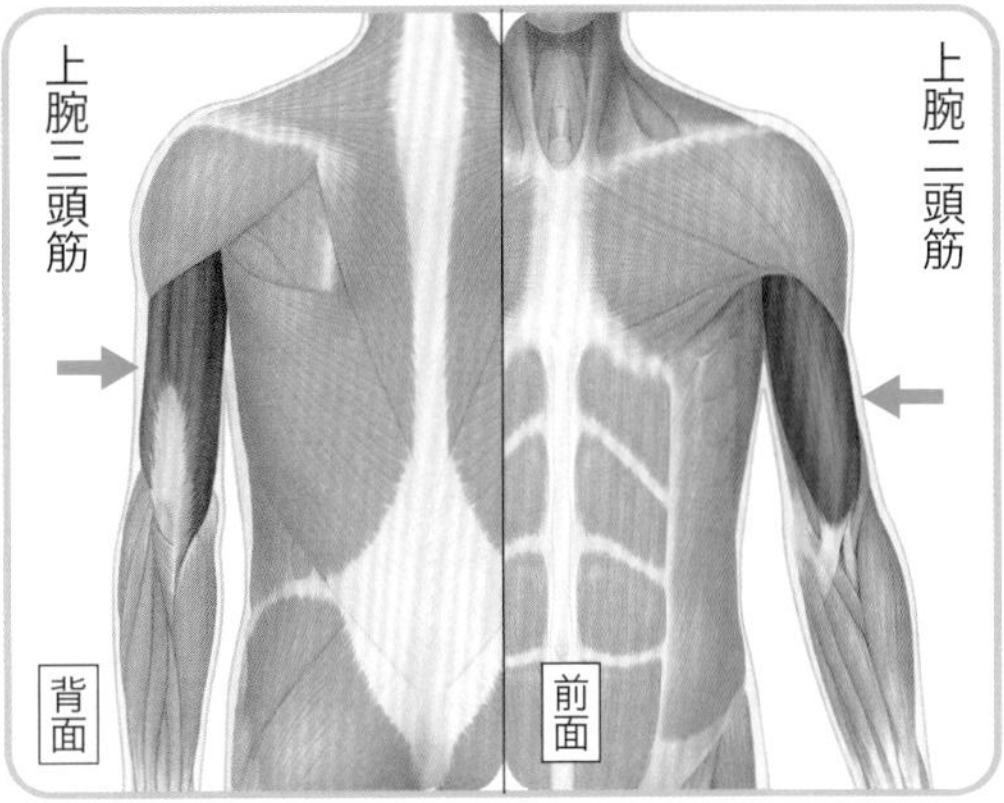

前腕は細かい動きを担当硬くなると肩への負担も

　肩からひじまでの腕の部分を上腕といいます。上腕の表側には上腕二頭筋、裏側には上腕三頭筋があります。

　上腕二頭筋は力こぶを作る筋肉で、ひじを曲げたり腕を外側にひねる時に働きます。上腕三頭筋は反対に、腕立て伏せで曲げたひじを伸ばすような時に働きます。このように体の表裏にあって反対の働きをする筋肉同士を「拮抗《きっこう》筋《きん》」といいます。

　筋力があって腕っぷしが強くても、柔軟性がなければそのパワーを発揮できません。筋力強化とともに、柔軟性もバランスよく獲得することが大切です。

　上腕に対し、ひじから先の腕の部分は前腕といいます。前腕には、指や手首を手のひら側に曲げたりドアノブを内側に回したりする屈筋群、手首を甲側に伸ばしたりドアノブを外側に回したりする伸筋群があります。

　前腕の筋肉が硬くなると、細かい動きがスムーズに行えなくなります。また、手首やひじを内側や外側に回す動作が上手くいかないと、肩の動きで補おうとするので、肩周りの大円筋や小円筋に負担をかけることになります。

このお悩みを解決するストレッチ

⑮上腕二頭筋／上腕三頭筋（P.80）
⑯前腕伸筋群／前腕屈筋群／手のひら（P.82）

お悩み❺
胸周り

体の前側にあって目立つため、特に男性が筋肉の量をアピールできるのが胸の筋肉です。見た目は大きくても、硬くて動きが悪くなっていると、腕のさまざまな動きが制約を受けたり、ねこ背や背中の張り、呼吸が浅いなどの原因になります。

影響する動作

・腕を後ろに引きにくい
・腕を上に上げにくい
・上を向きにくい
・腕をたたみにくい
・深呼吸しにくい

近頃……

電球の交換がしにくい

深呼吸がしにくい

テニスのバックハンドで
腕がたためない

ウォーキングで
腕の振りが弱くなった

その原因は

☑ いつも同じ姿勢でいる
☑ 呼吸が浅い
☑ 肩周辺を冷やす環境

胸周りのお悩みに関連する主な筋肉

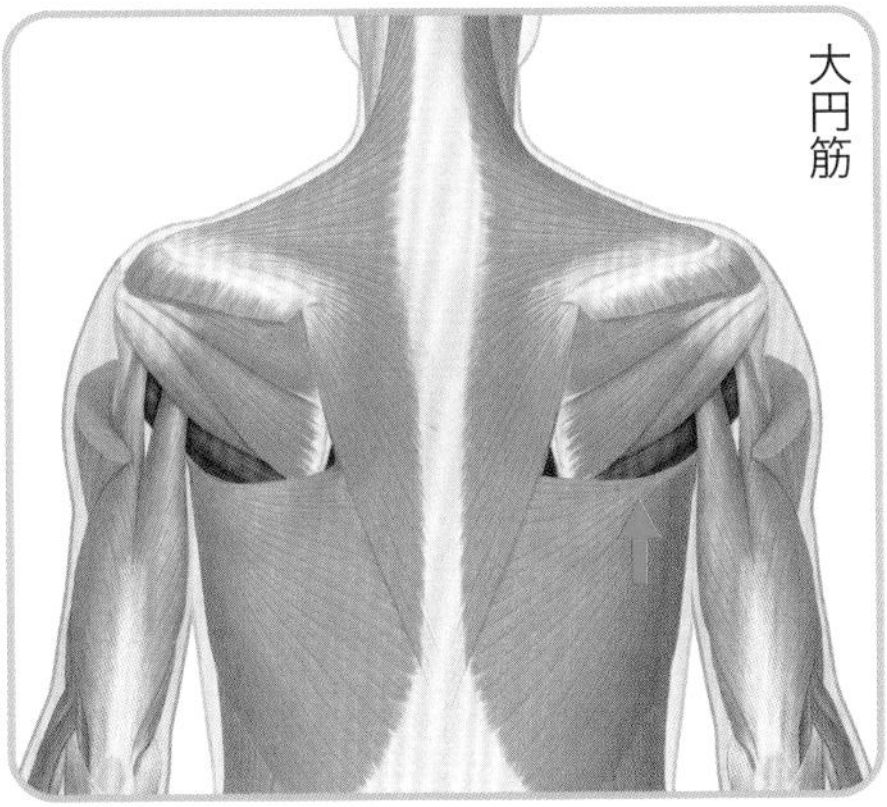

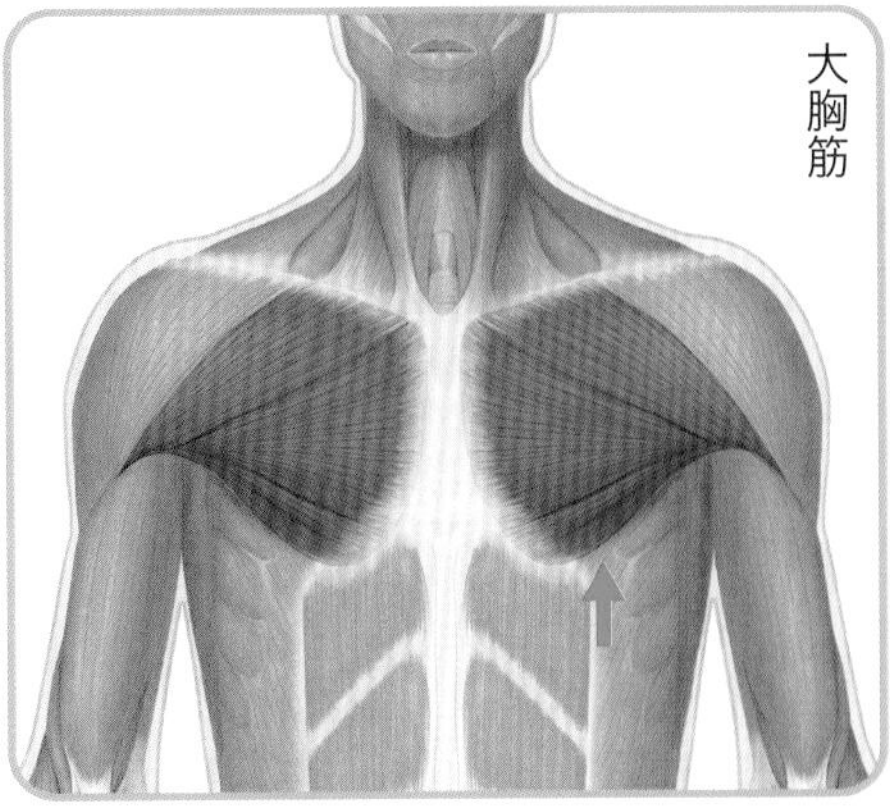

胸の筋肉が硬くなると肩や背中に負担がかかる

　大胸筋《だいきょうきん》は胸の大部分を覆う扇状の筋肉で、鎖骨部（上部）、胸肋部（中部）、腹部（下部）の3部位に分けることができます。

　腕を体の前から上に上げたり、台に仰向けになってバーベルを上げ下げするベンチプレスや腕立て伏せ、ドアを押し開けるなどの動作の時に働きます。また、腕を内側に動かす時にも働きます。

　大胸筋が硬くなると、腕の動きに影響が出ます。腕はさまざまな動きをしますが、これらの動きがスムーズにできなくなります。例えば、腕を外側に大きく開こうとした時に、胸からお腹にかけてが張る場合は、大胸筋が硬くなっている可能性があります。

　大円筋は肩甲骨の下部から腕のわきの下あたりにある筋肉で、腕を胸の前に持ってくるような内旋の動きをする時に働きます。腕の筋肉に分類されることが多く、わきの下の裏側をつまむとあるのが大円筋です。大円筋が硬くなると、拮抗筋の小円筋がスムーズに動かなくなり、腕を外側に回しにくくなります。

　大胸筋、大円筋ともに、硬くなると肩周りや背中の筋肉がその動きを補おうとして負担がかかり、それらの筋肉まで硬くなってしまいます。

このお悩みを解決するストレッチ

⑧大胸筋（P.60）
⑨大円筋（P.64）

お悩み❻
腰周り

腰周り、お腹周りの筋肉は表裏一体で働いているので、腰痛の原因がお腹周りの筋肉にあることも少なくありません。腰周り、お腹周りの筋肉を緩めると、前屈や後屈がやりやすくなるだけでなく、腰痛の予防・改善にもつながります。

影響する動作

- 反りにくい
- 前屈しにくい
- ひねりにくい
- しゃがみにくい

近頃……

下にあるものが
取りにくい

しゃがめない

ゴルフのバックスイング
が浅い

おじぎが辛い

その原因は

☑ 腰を使う運動をあまりしていない

☑ 長時間の前かがみのデスクワーク

☑ 太ももの前側の筋肉が硬い

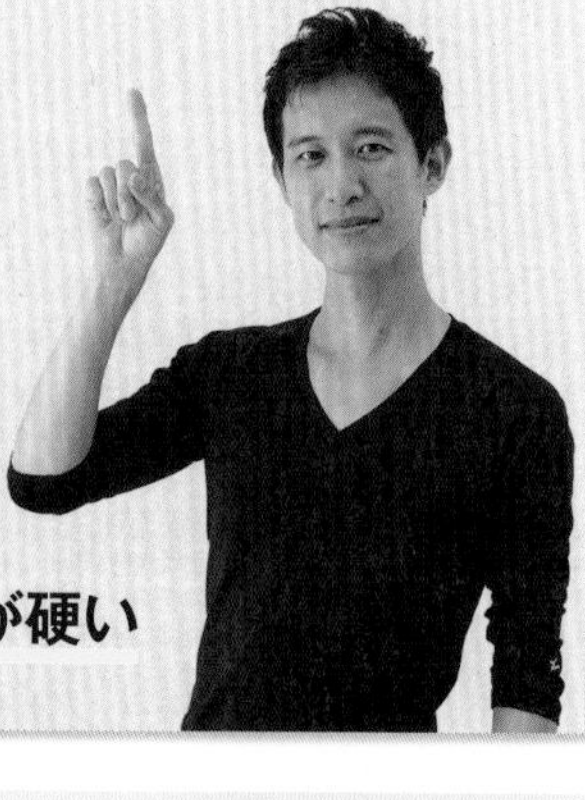

腰周りのお悩みに関連する主な筋肉

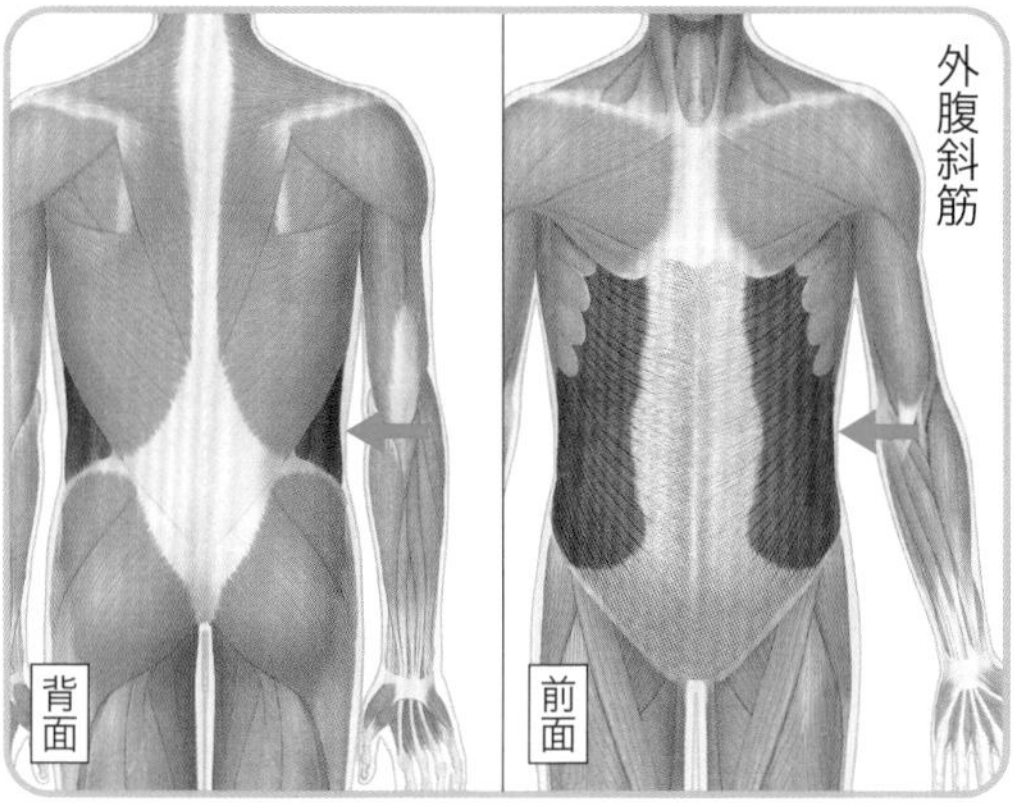

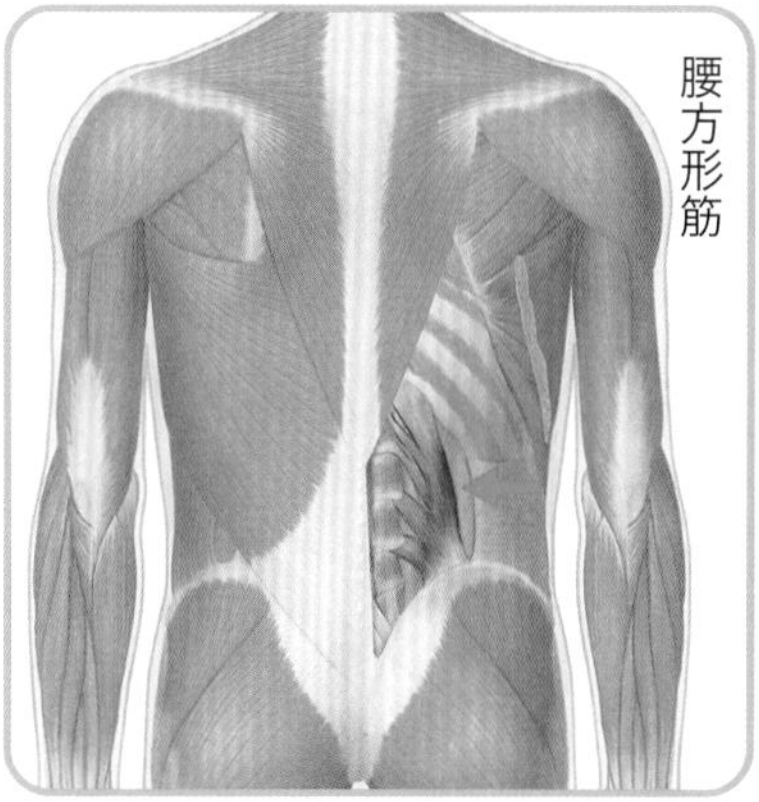

腹筋が硬くなると腰痛になることも

私たちの体の筋肉は、体の表側と裏側が表裏一体で互いに影響し合っています。裏側の腰周りの反対側にはお腹の筋肉があるので、ここでは腰周りとして紹介することにします。

お腹には内臓を守る骨格がないため、代わりにいくつかの筋肉が重なり合って「腹壁」を作っています。腰方形筋《ようほうけいきん》はその腹壁の一番深いところに左右一対ずつあって、骨盤の裏側についています。体を横に倒したり一番下の肋骨を骨盤の方に引き下げたりする時に働きます。

腰方形筋が硬くなると、硬くなった側の反対に体を倒しにくくなるほか、腰痛を引き起こす可能性もあります。また、お腹の横側にある腹斜筋や脊柱起立筋に負担をかけるので、その点でも腰痛と関係しています。

外腹斜筋《がいふくしゃきん》は体の横のお腹の筋肉で、一番表面にあります。腰方形筋と同様に、体を横に倒すほか、体をひねる時にも働きます。さらには腹圧を高め、腹式呼吸では呼吸を行う役割をしています。外腹斜筋も、硬くなると腰痛の原因になります。

このお悩みを解決するストレッチ

⑦広背筋／腰方形筋（P.57）
⑫外腹斜筋（P.73）
⑬腸腰筋（P.75）
⑭腹直筋（P.78）
⑰大臀筋（P.86）

お悩み❼

お尻周り

お尻周りの筋肉は、股関節を動かして歩いたり走ったりする時に働きます。デスクワークや自動車での移動など、座っている時間が長いとお尻周りの筋肉が硬くなります。お尻周りの筋肉の柔軟性を維持して、いつまでも元気に歩きましょう。

影響する動作

- 前屈しにくい
- 足を上に引き上げにくい
- 股関節の可動域が狭くなる
- スポーツパフォーマンスの低下
- 動作が遅くなる

近頃……

歩幅が狭くなった

つまずきやすい

体全体の動作が遅くなった

自転車をまたぎにくい

その原因は

- ☑ 腰を使う運動をあまりしていない
- ☑ 歩行時に脚をあまり上げていない
- ☑ じっと座っていることが多い

お尻周りのお悩みに関連する主な筋肉

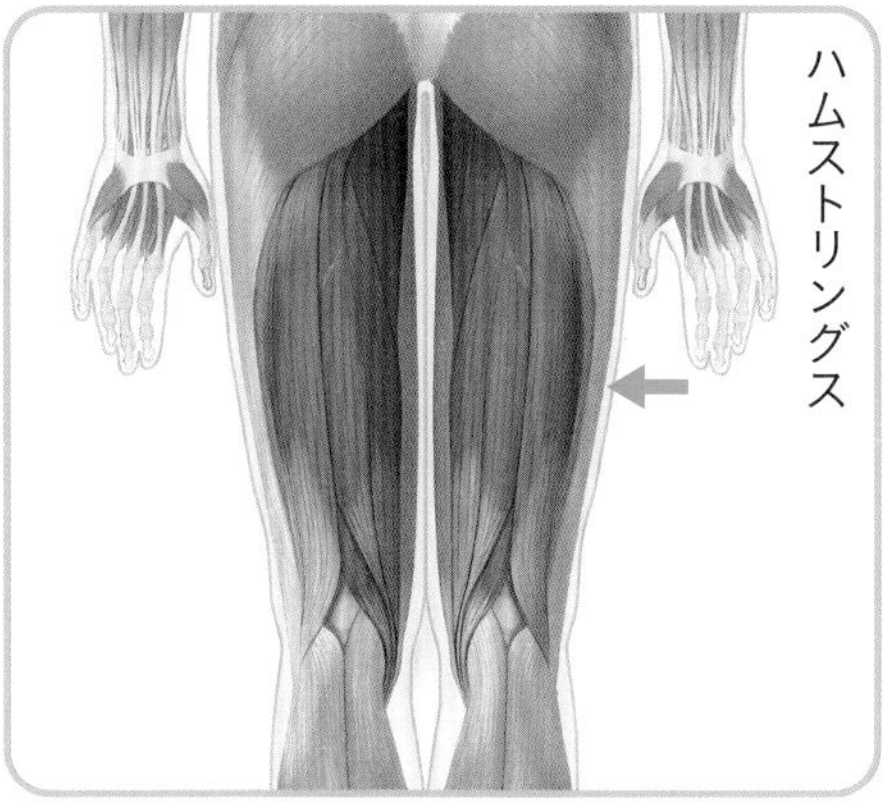

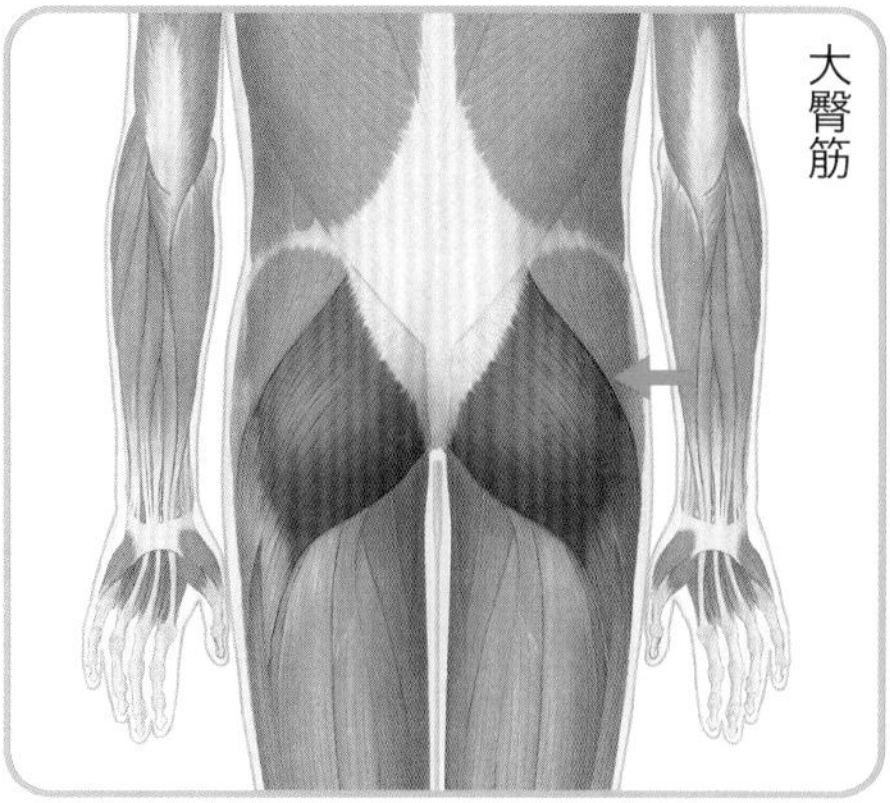

元気に歩くために お尻周りの柔軟性を

大臀筋《だいでんきん》は、お尻の膨らみを作っている筋肉で、股関節を伸展させて脚を後ろに蹴り出す時に働きます。陸上の短距離ランナーのお尻がプリッとしているのは、地面を後ろに力強く蹴るために発達したからです。日常生活では、階段を上る時やイスから立ち上がる時に働きます。

大臀筋が硬くなると、股関節の動きが悪くなります。その結果、歩幅が狭くなったりつまずいたりします。腰痛の原因になることもあります。

ハムストリングスは、太ももの後ろ側にある「大腿二頭筋」「半腱様筋」「半膜様筋」の総称で、太ももを後ろに引いたり、ひざを曲げる時に働きます。

ハムストリングスが硬くなると、骨盤が後ろに傾くので腰痛の原因になります。高齢者に見られる骨盤が後傾して猫背になり、アゴが前に出る姿勢は、ハムストリングスの脆弱化も原因の一つです。また、太ももの表側にある大腿《だいたい》四《し》頭筋《とうきん》の働きにも影響し、ひざをスムーズに伸ばしにくくなります。

大臀筋、ハムストリングスの柔軟性は、いつまでもシャキッと立ってスタスタ歩くために欠かせません。

このお悩みを解決するストレッチ

⑰大臀筋（P.86）
⑱中臀筋（P.90）
㉒ハムストリングス（P.103）

お悩み❽
もも周り

太ももには大腿四頭筋や内転筋群などいくつもの筋肉があり、裏側にあるハムストリングスを含め、立つ、歩くといった下半身運動の要です。「人は脚から衰える」というように、よく動かして鍛え、ストレッチで柔らかくしておくことが大切です。

影響する動作

・前屈しにくい
・足を前に上げにくい
・足を後ろに蹴りにくい
・足を横に開きにくい
・ひざを曲げにくい
・股関節の可動域が狭くなる

近頃……

階段でつまずく

歩くスピードが
遅くなった

内股になりやすい

正座がしにくい

その原因は

☑ 腰を使う運動をあまりしていない

☑ 歩行時に脚をあまり上げていない

☑ ひざの屈伸運動不足による筋力低下

もも周りのお悩みに関連する主な筋肉

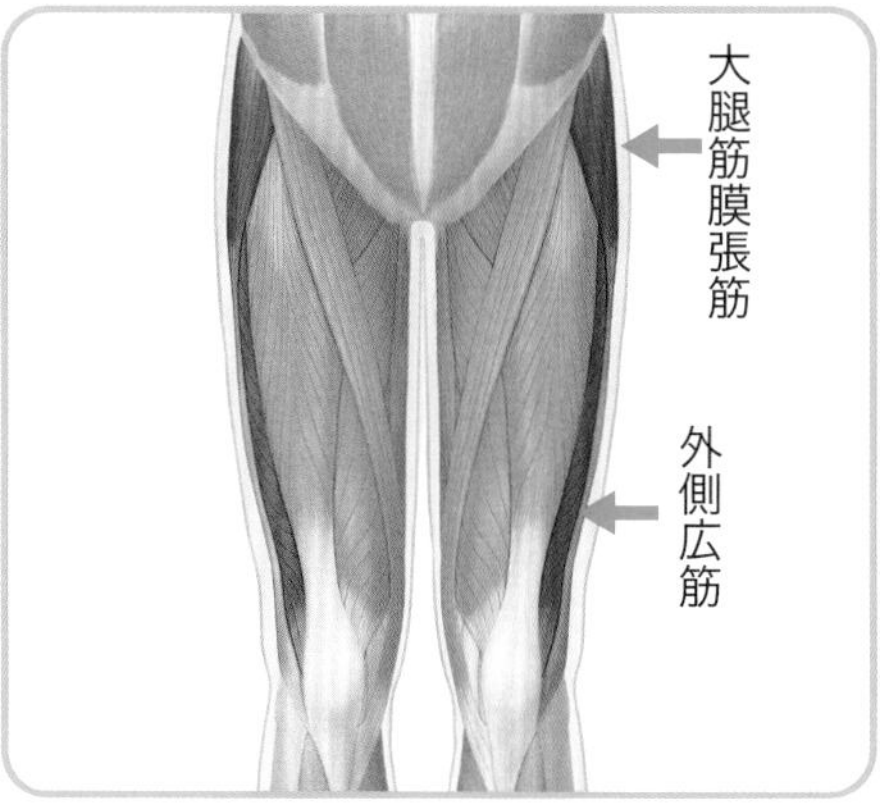

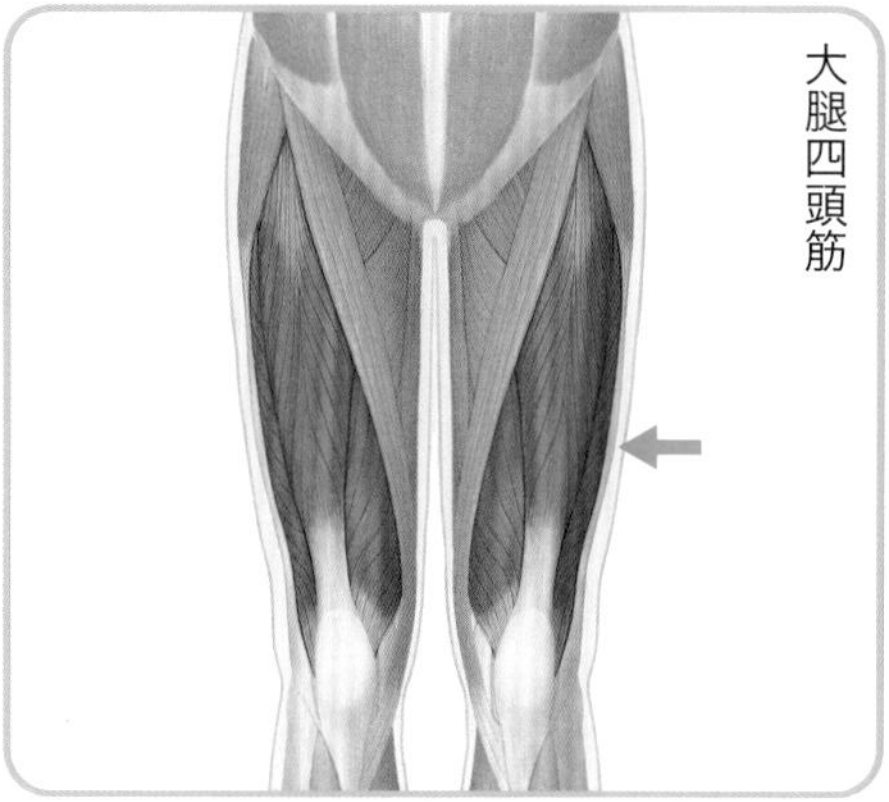

太もも前側の筋肉はひざの障害に関係する

太ももには表側に大腿四頭筋、裏側にハムストリングスという大きな筋肉があります。ほかにも内転筋群や大腿筋膜張筋などがあり、股関節やひざの動きをコントロールしています。

大腿四頭筋はそのなかで最も大きな筋肉で、「大腿直筋」「内側広筋」「中間広筋」「外側広筋」の4つの筋肉の総称です。太ももの裏側のハムストリングスがひざを曲げる働きをするのに対して、大腿四頭筋はひざを伸ばす時に働きます。また、ボールを蹴る時のように、股関節を曲げる働きもしています。

大腿四頭筋が硬くなると、ひざがスムーズに伸びなくなり、歩幅が小さくなります。外側広筋は太ももの外側にあるため、硬くなるとひざのお皿の位置が外側にずれてしまい、ひざの障害が起こりやすくなります。

大腿筋膜張筋《だいたいきんまくちょうきん》は太ももを前や上に上げたり内側に回旋したりする時に働きます。大腿筋膜張筋が硬くなると、この筋肉からひざの外側を通ってすねについている腸脛靱帯に負担がかかり、ひざの外側が痛くなることがあります。

このお悩みを解決するストレッチ

⑲大腿四頭筋（P.94）
⑳内転筋群（P.98）
㉑大腿筋膜張筋／外側広筋（P.101）
㉒ハムストリングス（P.103）

お悩み❾ 下腿部

ひざから下の下腿部には、すねの前側につま先を上げる筋肉、後ろ側にかかとを上げる筋肉があります。これらの筋肉が硬くなると、嫌な「つれ」が起きたり、転倒につながったりするので、日頃からストレッチで柔軟性を保つことが欠かせません。

影響する動作

- 足首を曲げにくい
- しゃがみにくい
- 蹴る力が弱い
- つま先が上がらない

近頃……

横断歩道を渡りきれない

靴下が履きにくい

靴ひもが結べない

足首の踏ん張りが弱くなった

その原因は

- ☑ 歩行動作に問題がある
- ☑ 運動不足による筋力低下
- ☑ 足を冷やすような環境

下腿周りのお悩みに関連する主な筋肉

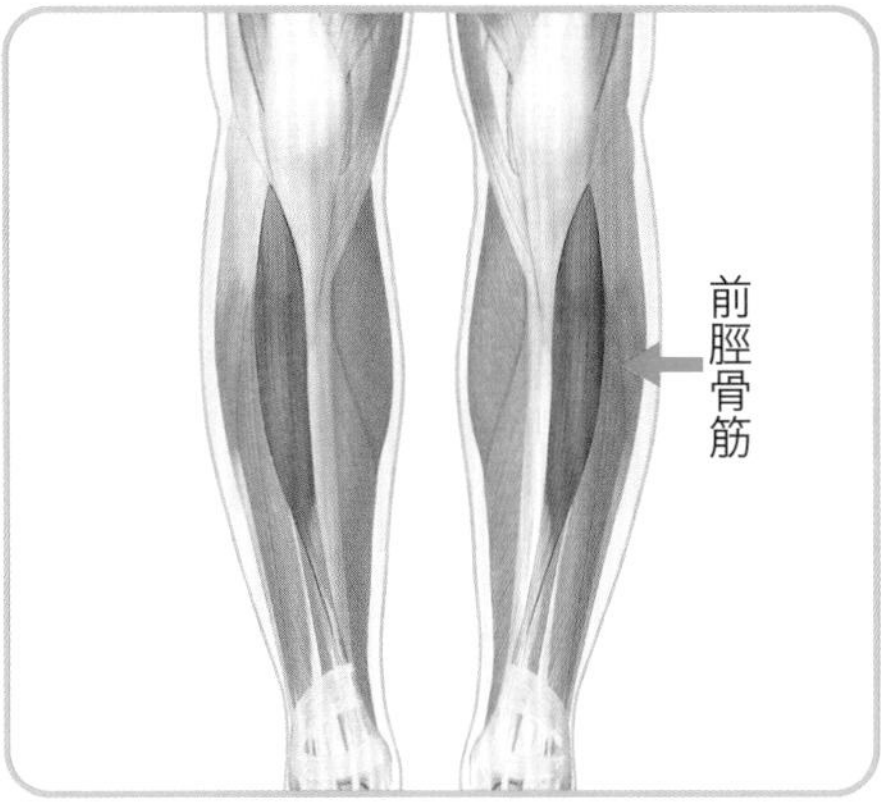

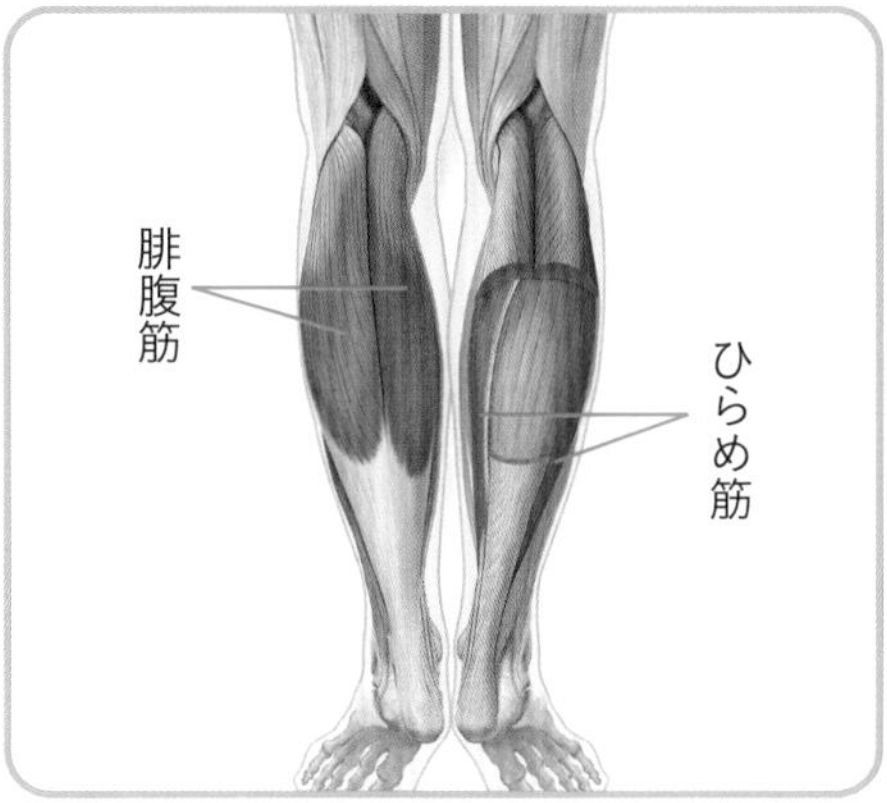

ふくらはぎの柔軟性は血行不良や転倒に関係

すねの後ろ側のふくらはぎには、ひらめ筋と腓腹筋の2つの筋肉があります。ひらめ筋、腓腹筋《ひふくきん》ともにかかとを上げる時に働き、腓腹筋はひざを曲げることにも関係しています。いずれも歩く、走る、跳ぶ、登るなどの動きの際に活躍する筋肉です。

ふくらはぎは筋肉によるポンプ作用があり、「第二の心臓」とも呼ばれています。そのため、ふくらはぎが硬くなると心臓に負担がかかったり、血行不良で冷えやむくみの原因になったりします。また、アキレス腱を伸ばす時に突っ張るようになり、負担をかけすぎるとアキレス腱の断裂にもつながります。そこまではなくても、歩行中に脚をつって痛い思いをすることも。

すねの前側にある前脛骨筋《ぜんけいこつきん》は、つま先を持ち上げたり、足の裏を内側に向けたりする働きがあります。前脛骨筋が硬くなると、つま先が上がりにくくなり、つまずきやすくなります。また、拮抗筋のひらめ筋や腓腹筋が張って、ふくらはぎが硬くなった時と同じような影響があります。

すねの前側と後ろ側、どちらかが硬くなると、反対側にも影響が出ます。前も後ろもバランスよく柔らかくしておくことが大切です。

このお悩みを解決するストレッチ

㉓ひらめ筋／腓腹筋（P.107）
㉔前脛骨筋（P.111）

コラム❶

村山巧流ストレッチ 5つの心構え

其の1

温まった体で、リラックスして行いましょう

ストレッチはお風呂上がりなど体が温まった状態で行うと最も効果的ですが、継続するために特に時間を決めず、自分のタイミングで行ってもOK。紹介するストレッチのなかには、バランスが必要なものもあります。転倒に注意し、壁やイスなどを利用してできる範囲で行ってください。

其の2

「痛気持ちいい」範囲で取り組みましょう

ストレッチの回数や秒数は、あくまでも目安です。体調と相談しながら、できる範囲で行ってください。ストレッチ中に強い痛みを感じた場合は、無理せず中止してください。

其の3

「柔らかくなる!」とワクワクしながら続けましょう

柔らかくスムーズに動ける自分をイメージしてみましょう。なんだか楽しくなってきませんか?

其の4

1日1mm、1年36.5cm

無我夢中に、または無意識に習慣化できれば最高です。朝起きたら顔を洗う、歯を磨く、帰宅したらお風呂に入る、そんな感覚でストレッチにも取り組めたらうれしいですね。紹介するストレッチは即効性がありますが、毎日少しでも続けるとよりよい効果が期待できます。

其の5

ストレッチは裏切らない

思い立った今日が吉日です。この本を手にしたあなたは、恐れるものはありません。これから伸びる自分を信じて、コツコツ前向きに変化を楽しみましょう。

Session 2
体のお悩みを解消するストレッチ
【上半身編】

首を回す、腕を上げる、
体をひねるといった動作を
スムーズにしたい方は必見。
ウエスト周りもキュッとします。
上半身の硬さは下半身にも
影響するのです!

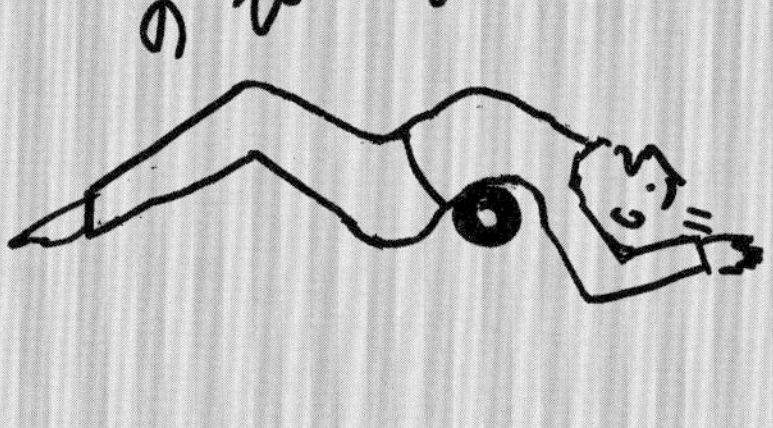

①後頭筋のストレッチ

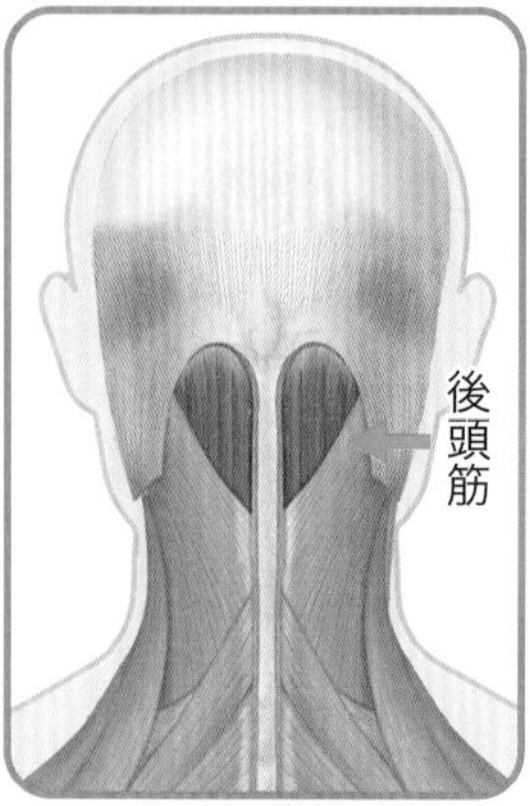

首が前に傾くほど、首にかかる負荷は増えます。成人の頭の重さは約4〜6kgで、首が15度傾くと12kg、45度で22kg、60度では27kgと8歳児の平均体重に相当する負荷になります。その重さを支えている筋肉の一つが、首の後ろにある後頭筋です。

特に長時間パソコンやスマホを見るなど、同じ姿勢が続くと硬くなるので、首や肩がこるなどの自覚症状がある人は、後頭筋が硬くなっている可能性があります。

筋膜アプローチ
Myofascial Approach

後頭部にフォームローラーを当てて、頭を左右に倒して筋膜にアプローチします。これをやったあとに首を回してみると、とてもよく回ると実感するほど、変化を感じられるはずです。

ローラーの代わりに手をグーにして頭を乗せてもOK!

1 仰向けに寝て両ひざを立て、首の後ろの後頭筋のある場所にフォームローラーを当てる

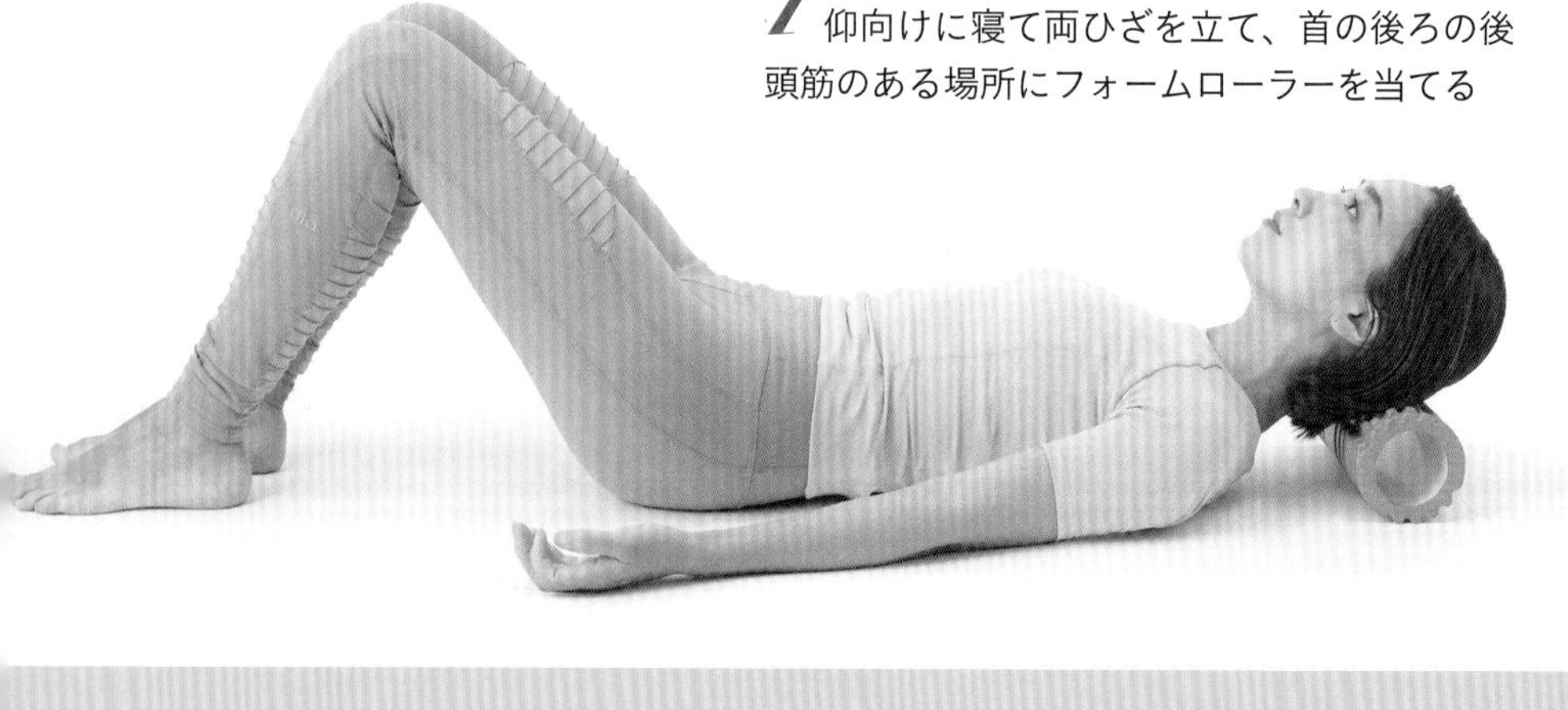

ここが Point 筋膜アプローチの際のローラーや手の位置

フォームローラーがない場合は、両手でこぶしを作って刺激してもOKです

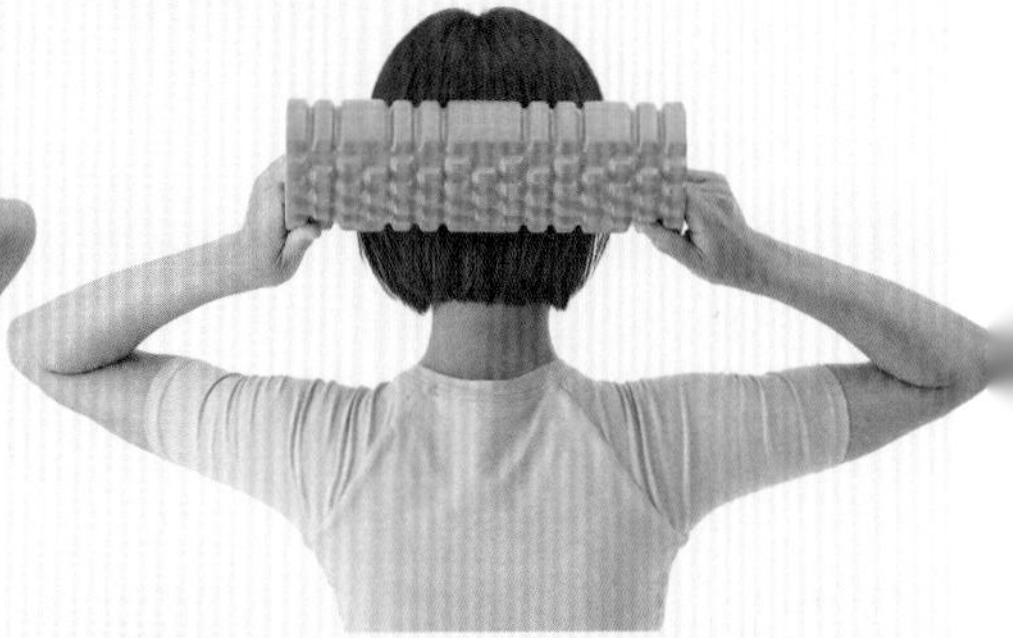

首ではなく後頭部、耳の高さくらいにフォームローラーを当てます

- 筋膜アプローチ・静的ストレッチ時の動く方向
- 脳科学アプローチ時の抵抗する方向
- 脳科学アプローチ時の倒す方向
- 脳科学アプローチ時に意識する部分

2 自分の頭の重さを利用して、ゆっくりと左右に頭を振り、筋膜にアプローチする

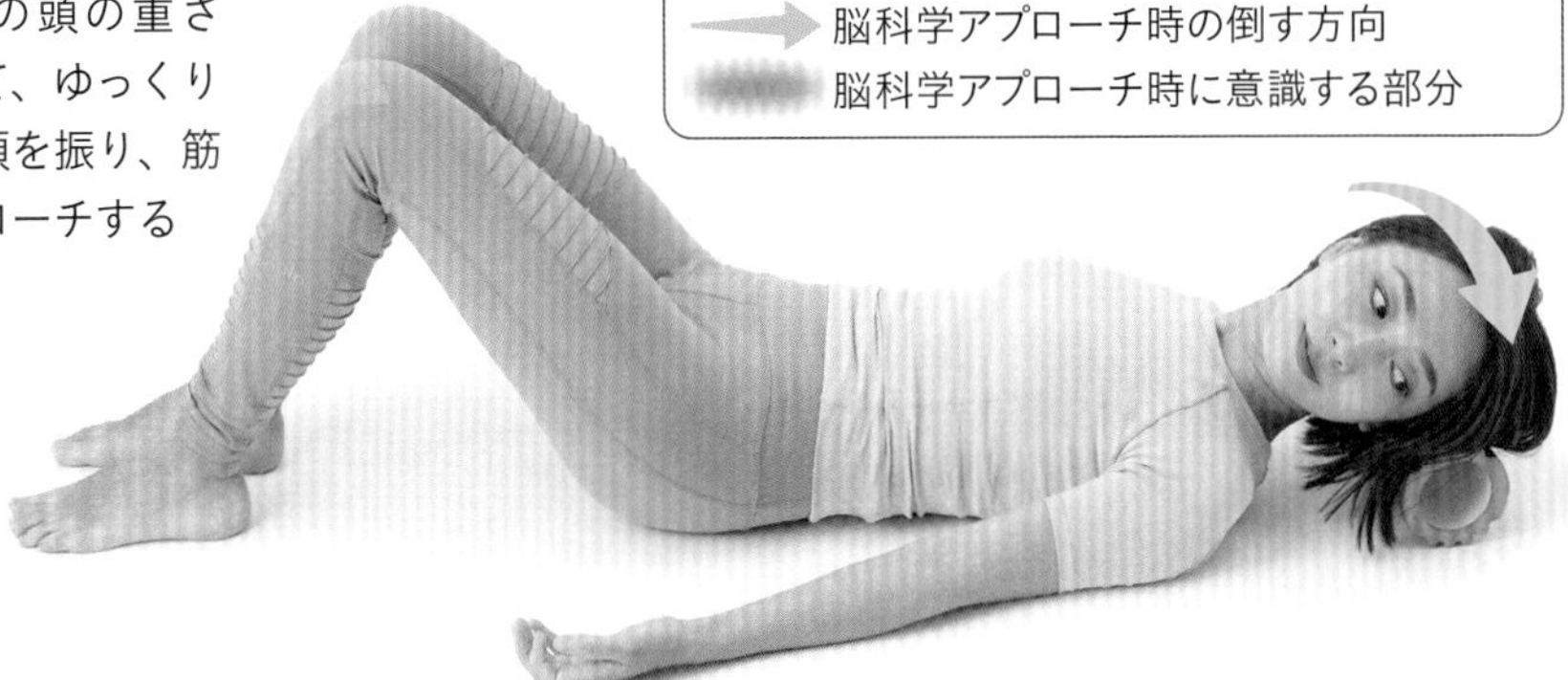

3 往復10回を目安に頭を左右に振る。頭を振ると強い痛みがある場合は、30秒ほど頭を乗せているだけでもかまわない

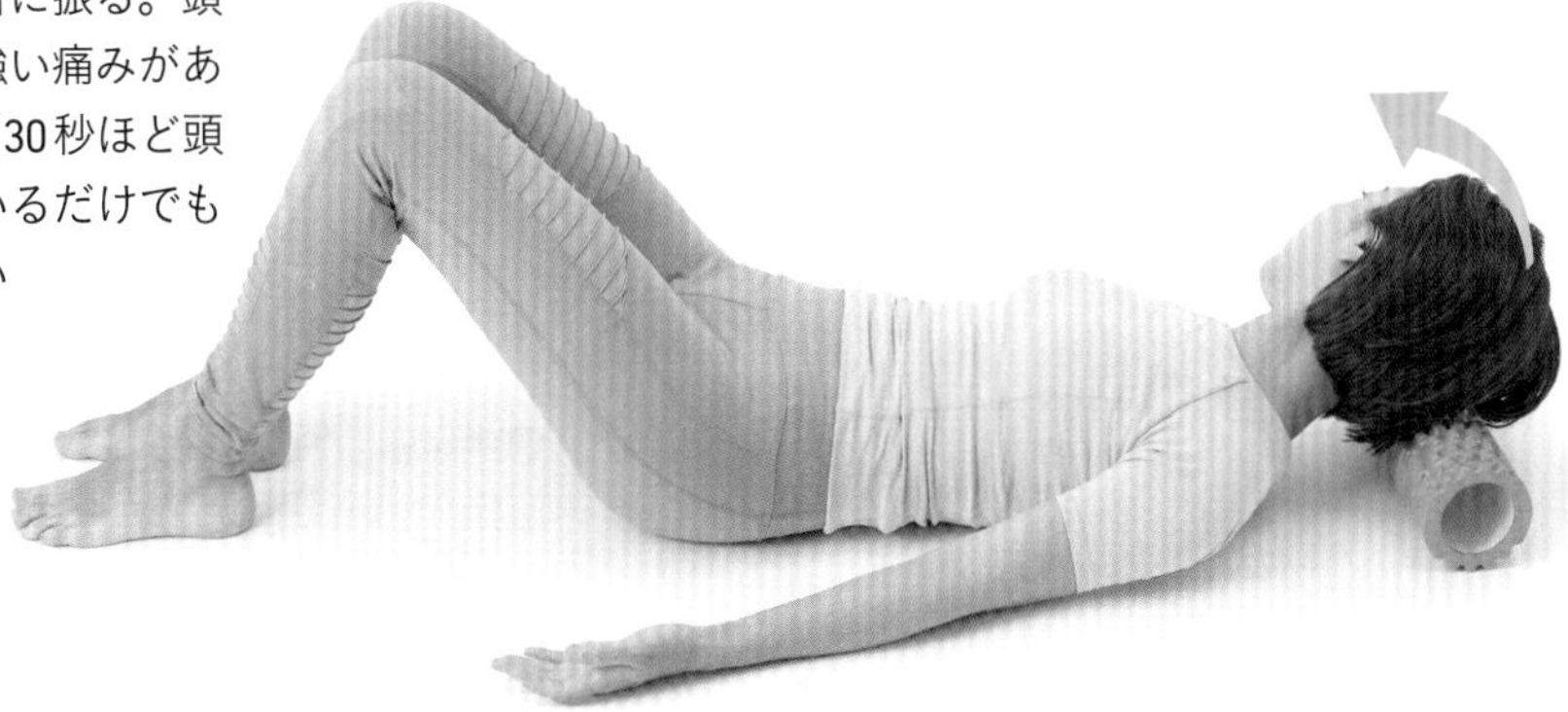

10回 往復

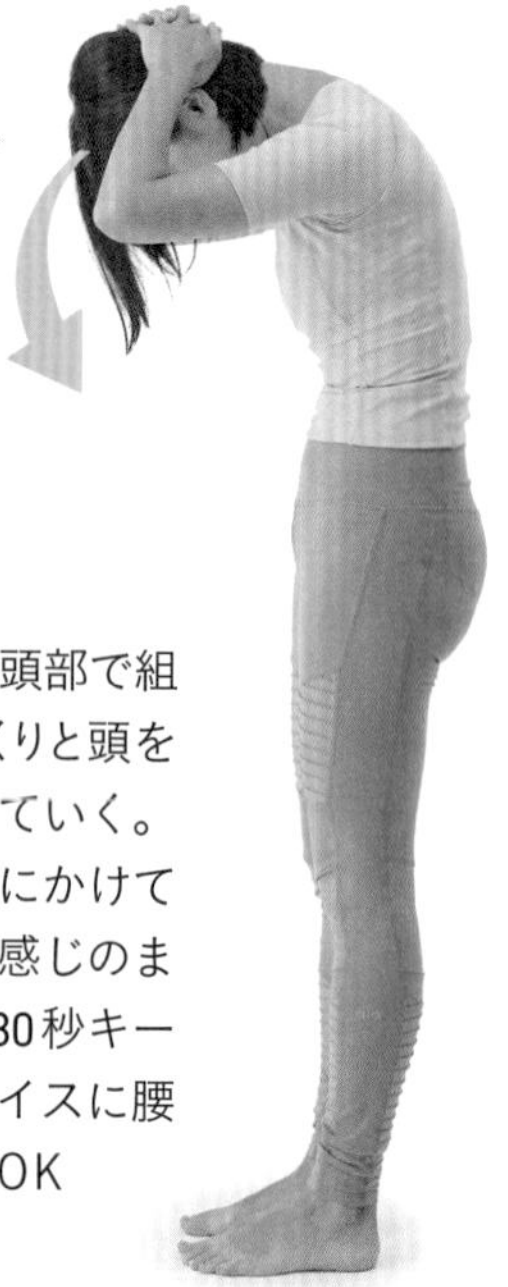

この姿勢を
20〜30秒
キープ

両手を後頭部で組み、ゆっくりと頭を前に倒していく。首から頭にかけてが伸びた感じのまま、20〜30秒キープする。イスに腰掛けてもOK

30秒
キープ

静的ストレッチ
Static Stretching

筋膜アプローチで筋肉を緩めたら、静的ストレッチでジワーッと筋肉を伸ばします。首ではなく後頭部に手を当てることで、テコの原理が働き、より効果的にストレッチできます。

脳科学アプローチ
Neuroscience Approach

静的ストレッチと同じ要領で、手で頭を前に倒します。その力に対して後頭筋を意識しながら、頭を持ち上げるように抵抗して、脳科学アプローチを行ってください。脳科学アプローチは、3秒抵抗、3秒脱力を3回繰り返すのが基本です。

1 両手を後頭部で組み、ゆっくりと頭を前に倒していく。その力に逆らい、頭を持ち上げるようにして、3秒間抵抗する

3秒
抵抗

2 手の力は抜かずに、抵抗をやめて3秒間脱力する。*1*と*2*を3回繰り返す

3秒
脱力

3回
繰り返し

②僧帽筋のストレッチ

首の後ろから背中にかけて広い範囲にある筋肉で、後頭筋と同じく重い頭を支えています。また、肩をすくめる、肩甲骨を寄せる、腕を横に上げるのを助ける働きもあります。このように僧帽筋《そうぼうきん》は働き者なので負担が大きく、硬くなりやすい筋肉といえます。

首が張ったり、肩が張ったりこったりする人は、僧帽筋が硬くなっている可能性があります。ストレッチをすることで、すっきり感を得ることができるでしょう。

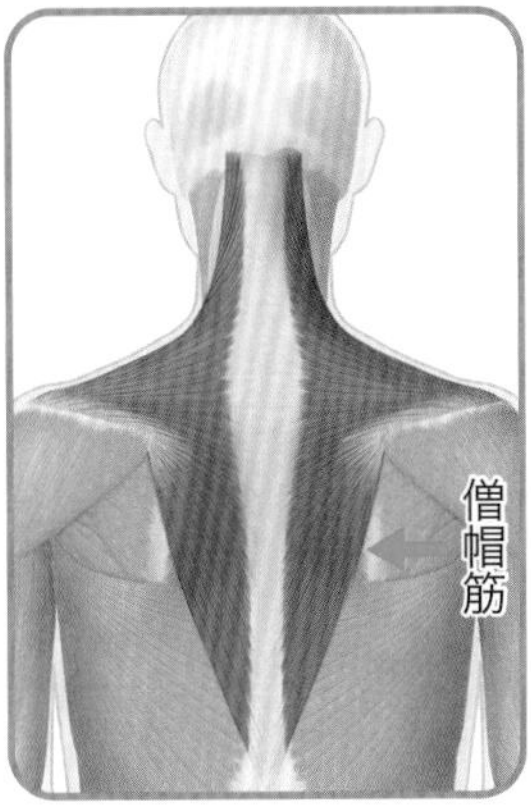

筋膜アプローチ
Myofascial Approach

首の後ろにフォームローラーを当て、手でフォームローラーを前後に転がすと同時に、アゴを出したり引いたりします。この二つの縦の動きで、面積の広い僧帽筋全体に刺激を与えることができます。

フォームローラーを使わない場合は、**手をグー**にしてやってもOK!

1 仰向けに寝て両ひざを立てる。フォームローラーを首の後ろに当て、手でローラーを持つ

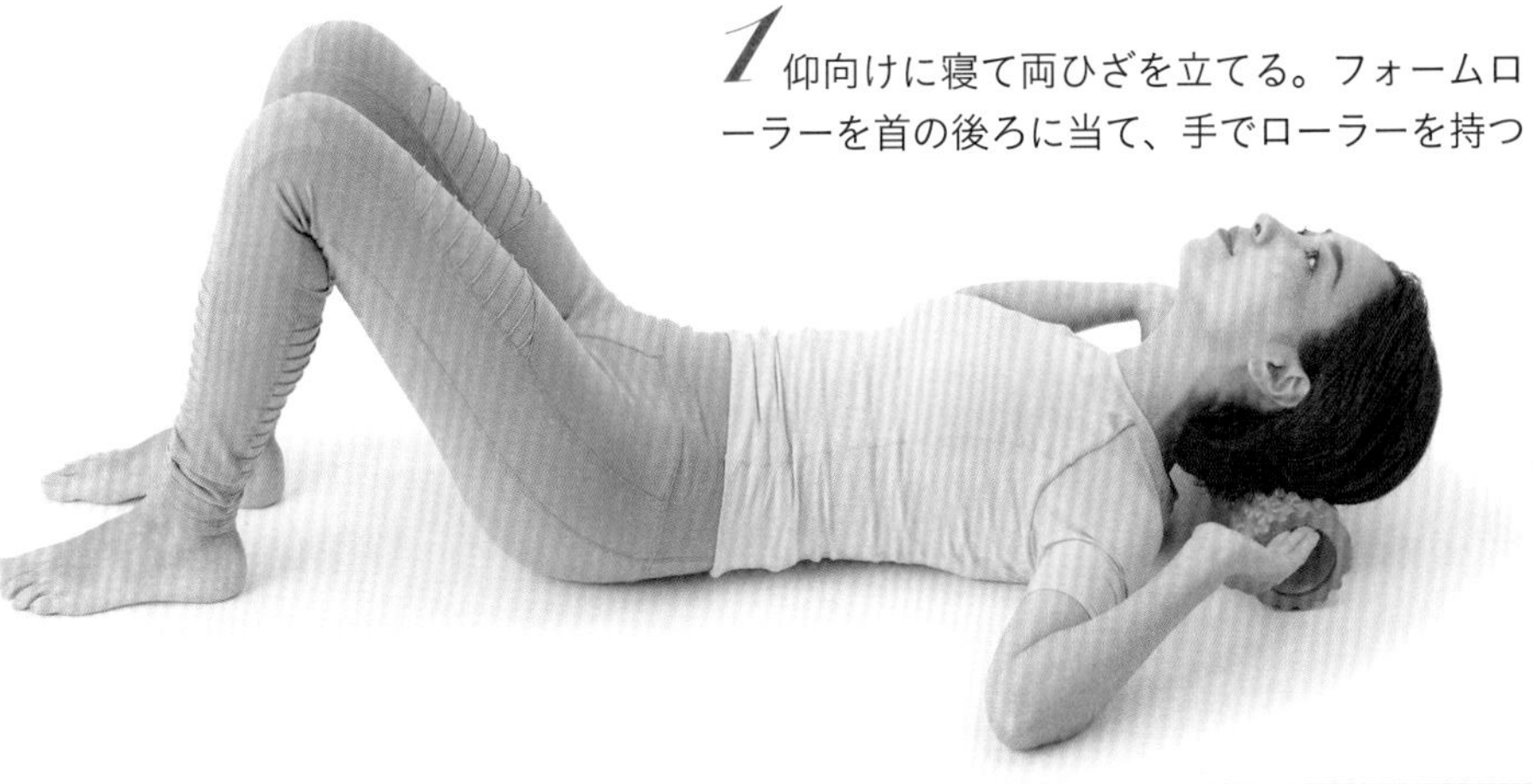

手で首の近くをギューッとつかみ、反対側へ頭を倒すだけでも、筋膜にアプローチできる

10回 繰り返し

2 ローラーを前後に転がすと同時に、アゴを出したり引いたりを10回繰り返す

押さえる、倒す、腕を動かすの順番で行いましょう

静的ストレッチ
Static Stretching

手指全体を使って首の近くをギューッと押さえ、反対側に頭を倒し、手のひらを表、裏へと返します。呼吸を止めずに、筋肉をジワーッと伸ばすのが静的ストレッチの基本ですが、動きが加わることで、より深く、より広範囲に効かせることができます。片側だけ行い、肩の高さを確認してみましょう。やった側の肩が落ちているはずです。

1 右手で頭の左側を押さえ、引き寄せるように頭を倒す。その力に逆らい、頭を戻すようにして3秒間抵抗する

脳科学アプローチ
Neuroscience Approach

手で頭の反対側を押さえ、引き寄せるように頭を倒します。その力に対して僧帽筋を意識しながら、頭を戻すように抵抗してください。抵抗する、脱力するを繰り返しましょう。

3秒 抵抗

2 手の力は抜かずに、抵抗をやめて3秒間脱力する。*1*と*2*を3回繰り返す

3秒 脱力

3回 繰り返し

NG

頭を倒す時に反対側の肩が上がったり、上半身全体が傾いたりすると効果を得られない

③胸鎖乳突筋 広頸筋のストレッチ

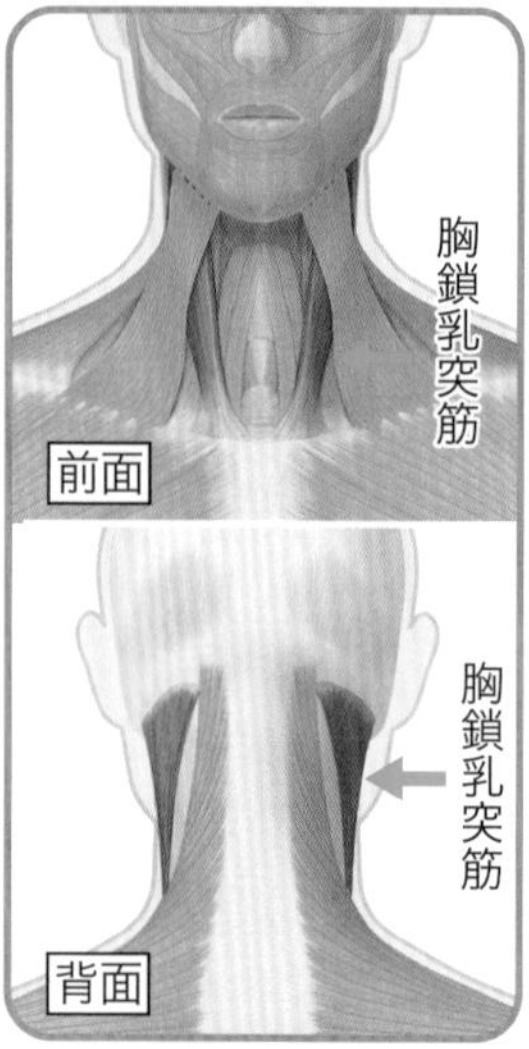

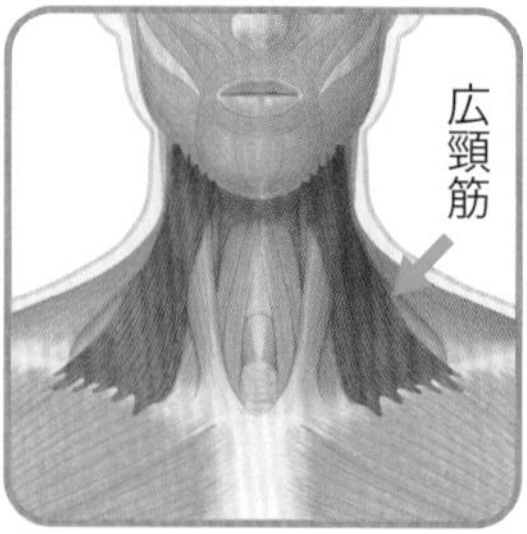

胸《きょう》鎖《さ》乳《にゅう》突《とつ》筋《きん》は、耳の後ろ側から首の横を通り、鎖骨と胸骨についている筋肉で、顔をひねったりする時に働きます。広頸筋《こうけいきん》はアゴの下から胸の皮膚についている筋肉で、笑ったりする時に働く表情筋の一つです。

これらの筋肉が硬くなると、血流やリンパの流れが悪くなり、むくみなどが現れるうえ、シワの原因にもなります。ストレッチで緊張が緩むと血流が改善され、リラックス効果も期待できるでしょう。

筋膜アプローチ
Myofascial Approach

胸鎖乳突筋や広頸筋のあるエリアを、指の腹を使って軽く押さえながらなでることで、筋膜にアプローチします。なでたあとは上を向きやすくなったり、首の前が伸びる感覚を得られたりします。

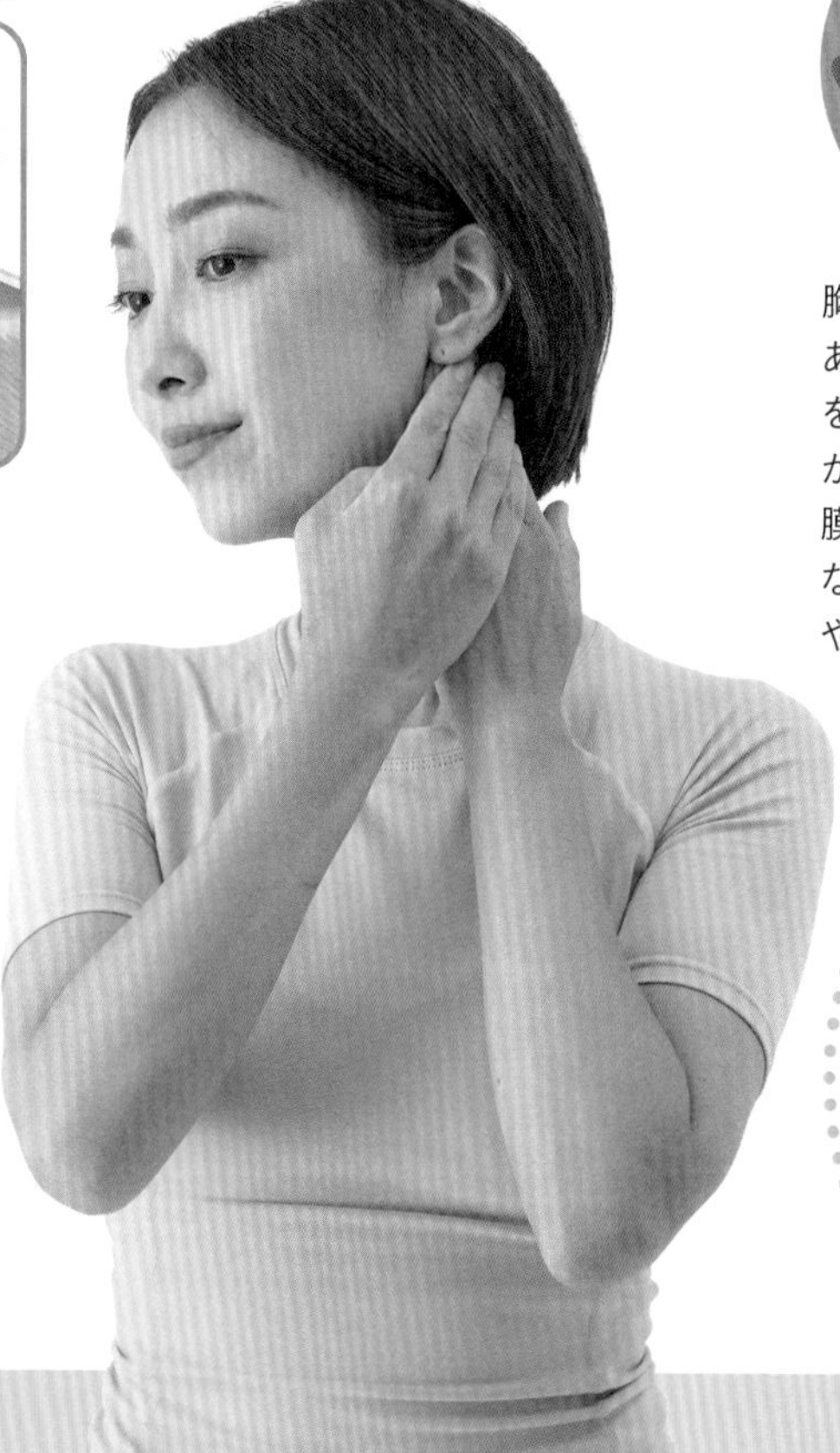

耳の後ろから胸の上部、首の前側をまんべんなくなでましょう

1 顔をやや傾け、首の横や前側に指の腹を当てて、反対の手を添えて軽く押さえる

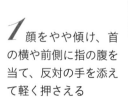

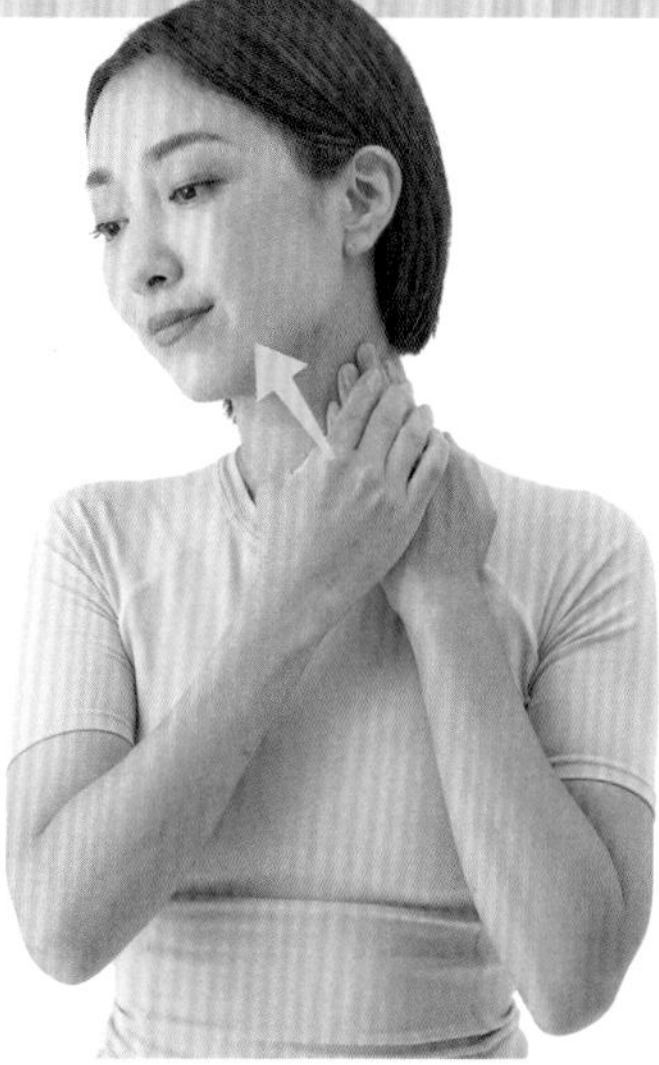

2 強く押さえて皮膚がこすれない程度の力で、手を上下に動かしてなでる

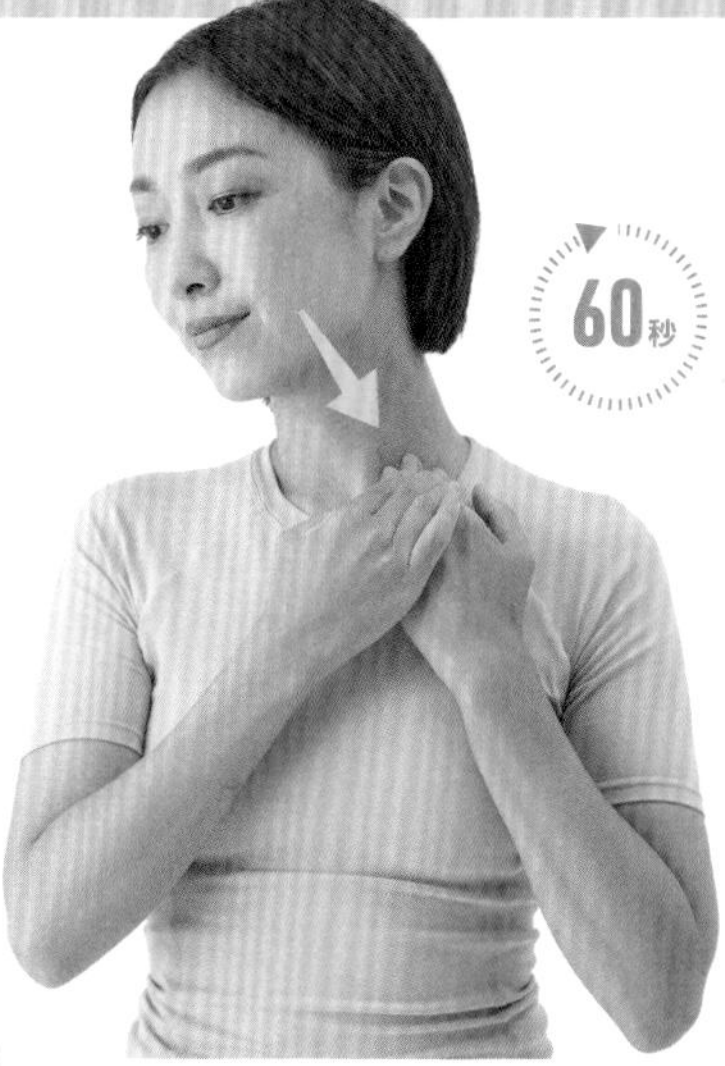

3 胸鎖乳突筋や広頸筋のあるエリア、耳の後ろから胸の上部、首の前側をまんべんなく1分ほど行う

鎖骨の上あたりを指の腹で軽く押さえ、押さえているのとは反対側の上の方に頭を向ける。じんわりと30秒行う

リラックスして、筋肉の伸びを感じましょう

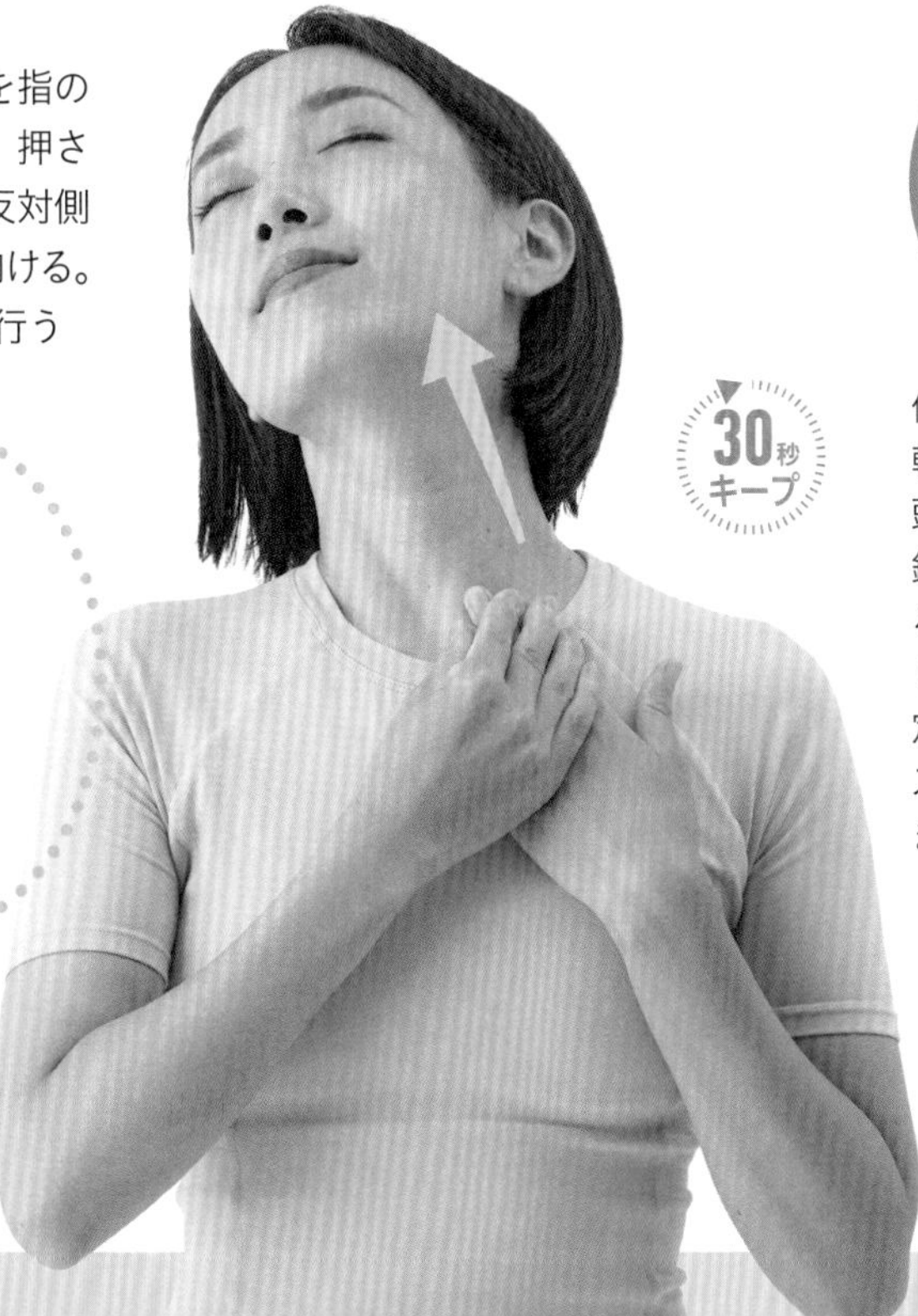

静的ストレッチ
Static Stretching

伸ばしたい側の筋肉を軽く固定し、反対側に頭を向けることで、胸鎖乳突筋や広頸筋があるエリアをストレッチします。筋肉を軽く固定した方が、より首のストレッチ感を得られます。

④三角筋のストレッチ

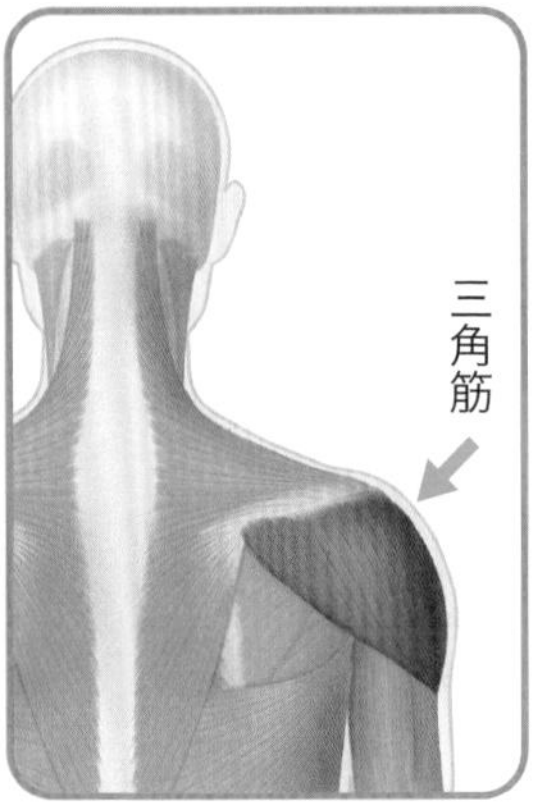

肩の丸みを作っているのが三角筋です。三角筋は前部、中部、後部に分けられ、それぞれ働きが違います。前部は大胸筋と一緒に働いて腕を前に上げ、中部は腕を横に上げ、後部は広背筋と一緒に働いて腕を後ろに引きます。

腕を動かす筋肉なので、三角筋が硬くなると棚の上のものが取りにくい、上着の袖に腕を通しにくいなど、普段の生活の場面でいろいろな不便や動きにくさを感じることが多くなります。

筋膜アプローチ
Myofascial Approach

手で三角筋を握って行う方法と、フォームローラーを使う方法があります。手を使う方法はいつでも簡単にでき、ローラーを使う方法は刺激が強いという利点があります。

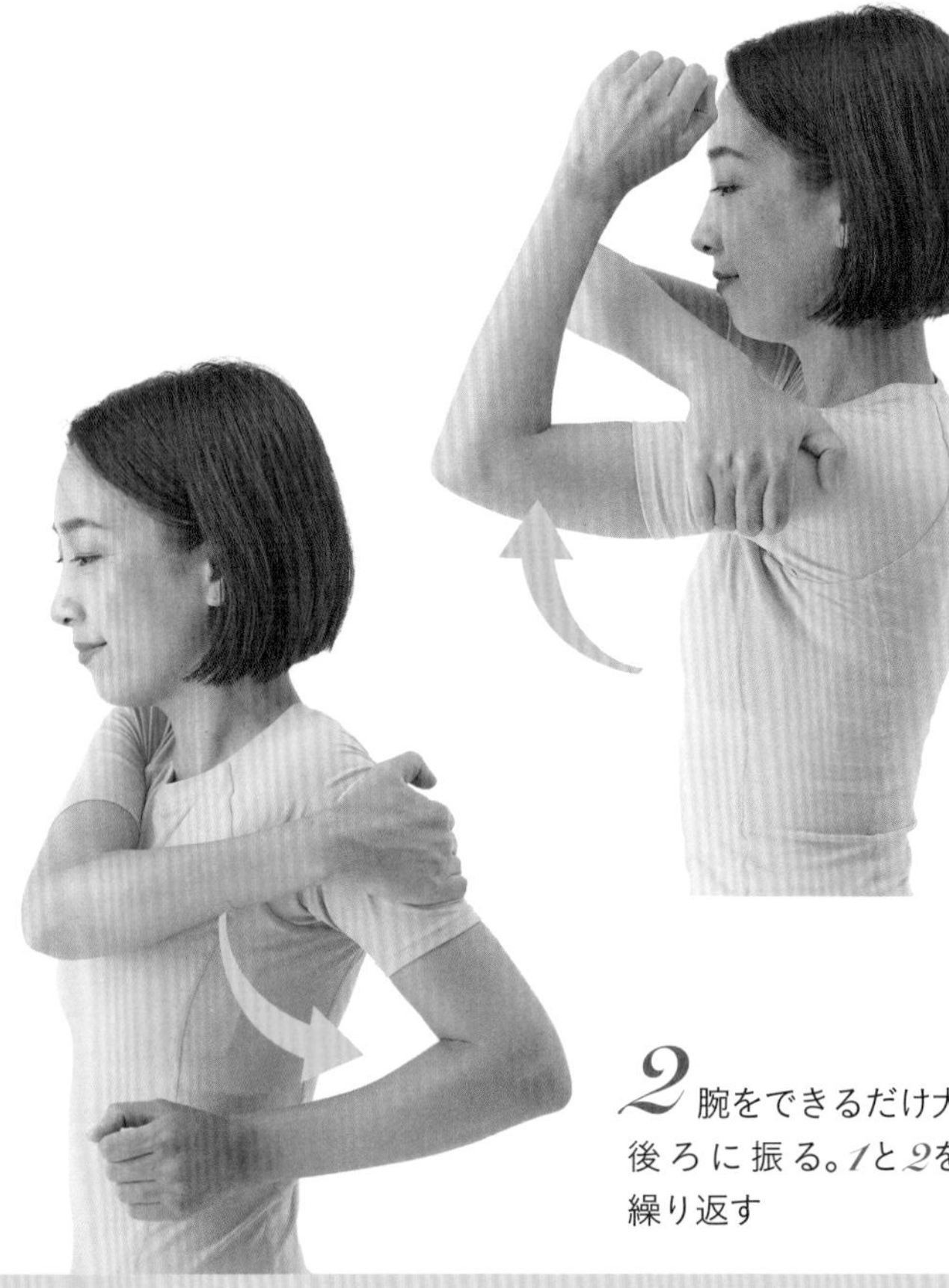

1 ひじを曲げた状態で、反対の手で肩を手でギュッと握る。握った力を抜かずに、腕を大きく前に振る

2 腕をできるだけ大きく後ろに振る。*1*と*2*を10回繰り返す

10回繰り返し

1 横向きになって寝て、肩の下にフォームローラーを置く。上の手は前について体を支える

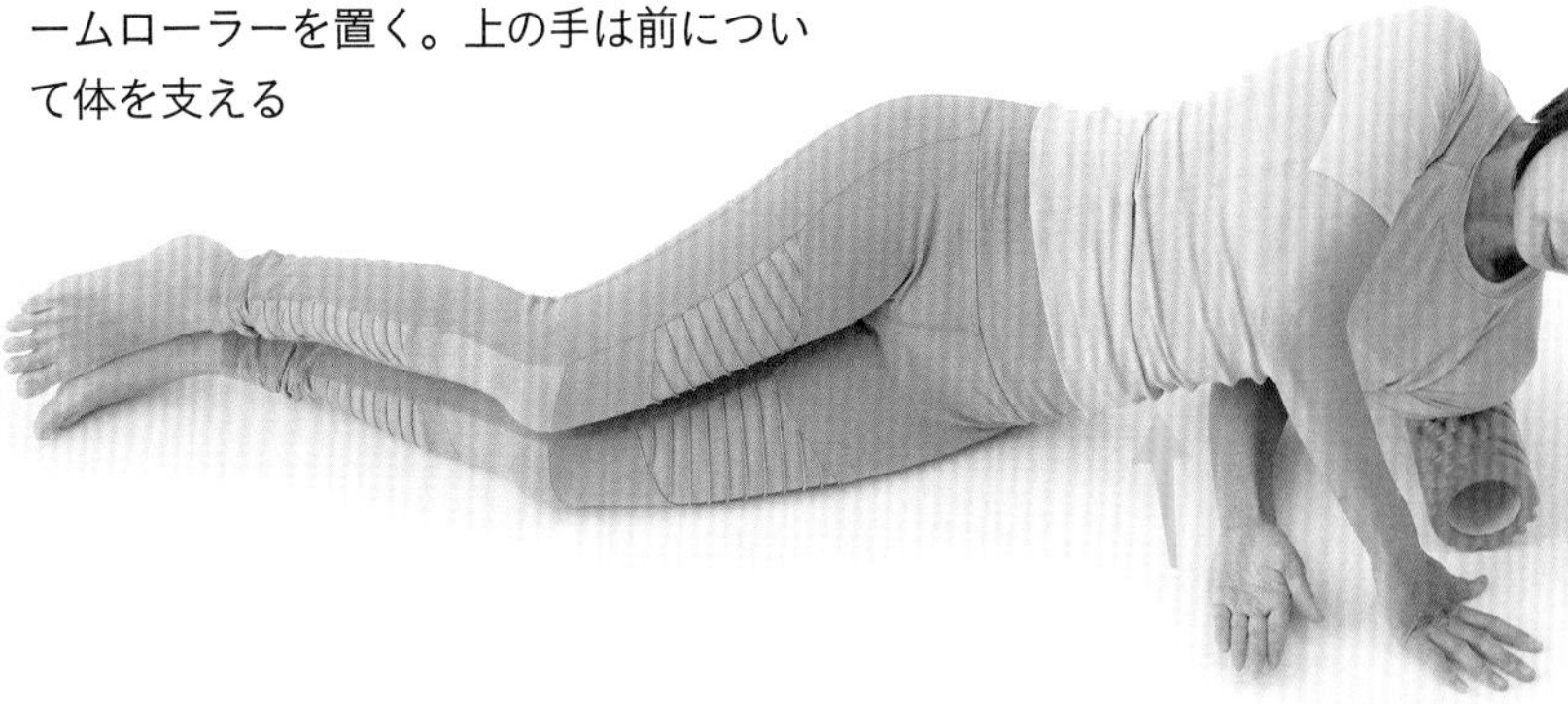

2 下側の腕をゆっくり大きく、体の前後に出し入れする。これを10往復行う

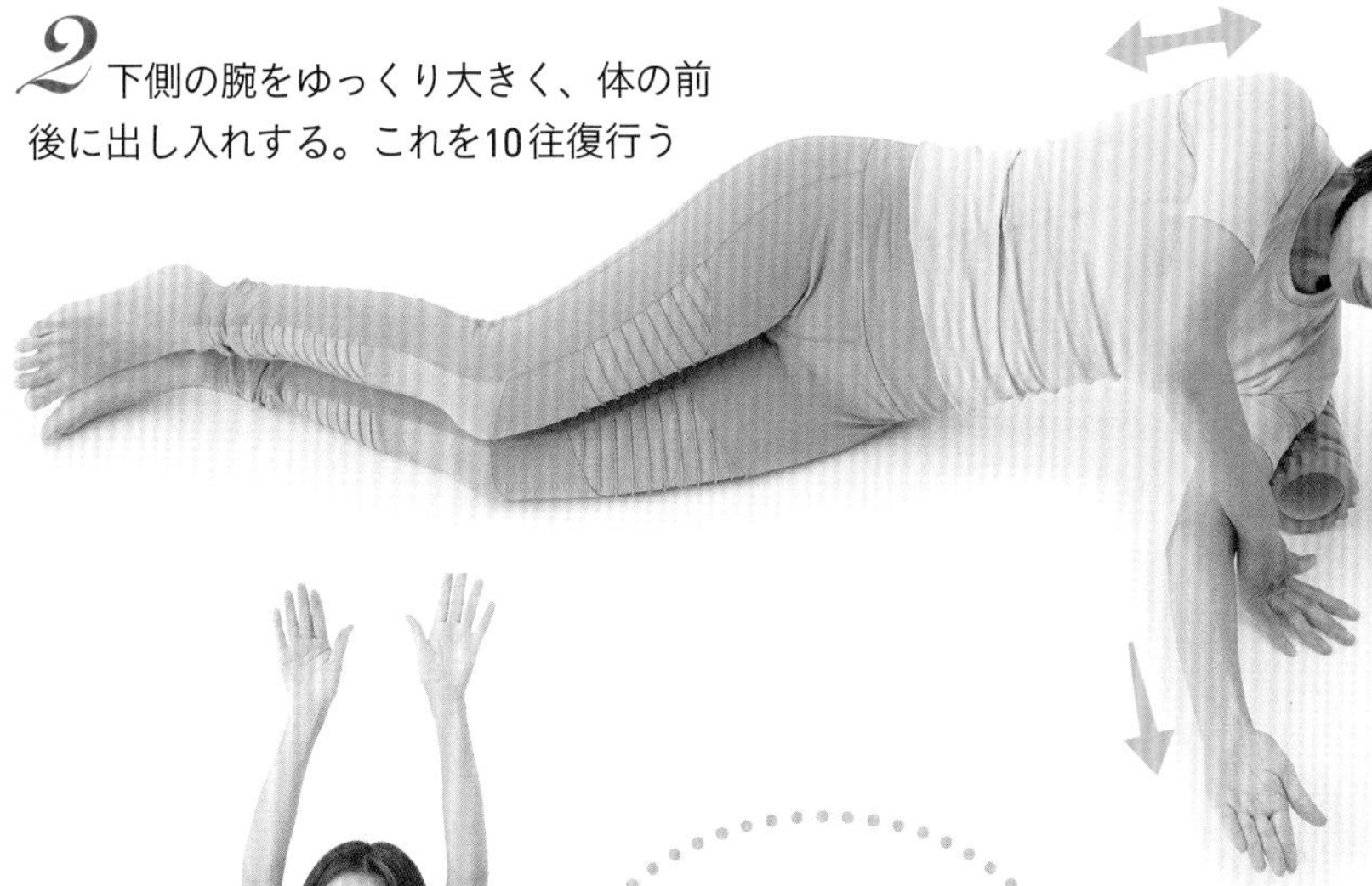

10回往復

筋肉が緩むと
腕を上げやすく
なります

片側の肩だけやったあと、バンザイをしてみましょう。筋膜アプローチをした方の腕が上がりやすくなっているはずです。

伸ばす方の腕を胸の前に上げ、反対の手でひじを持ち、横方向に30秒引き寄せる

腕を引く方向を
斜め上や斜め下に
変えてみても
よいでしょう

30秒
キープ

静的ストレッチ
Static Stretching

腕を胸の前で横に引っ張ると、肩の伸びを感じます。三角筋が緩みきっていない場合は、左の写真のように反対の手でひじを持って行います。三角筋が十分に緩んだら、反対の手を下から回して腕を引き寄せると、より深くストレッチできます。

よりストレッチ効果を得るには、背すじをピンと伸ばし、体を正面に向けたまま行う

OK!

猫背の姿勢になったり、横に引っ張られて体がねじれたりしないように注意する

NG

呼吸は自然に。
歯を食いしばったり
しないでください

脳科学アプローチ
Neuroscience Approach

静的ストレッチの要領で、伸ばす方の腕を横方向に引っ張ります。引っ張る力に対して、伸ばす方の腕を引き戻すようにして抵抗します。脱力するとより肩が中に入ってきます。

3秒
抵抗

1 伸ばす方の腕を胸の前に上げ、反対の手でひじを持って横方向に引き寄せる。伸ばす方の腕で引き戻すように3秒抵抗する

脳科学アプローチは
どのメニューも
3秒抵抗、3秒脱力を
3回繰り返すのが
基本です

2 引っ張る力は抜かずに、伸ばす方の腕の力を抜く。*1*と*2*を3回繰り返す

3秒
脱力

3回
繰り返し

⑤棘下筋のストレッチ

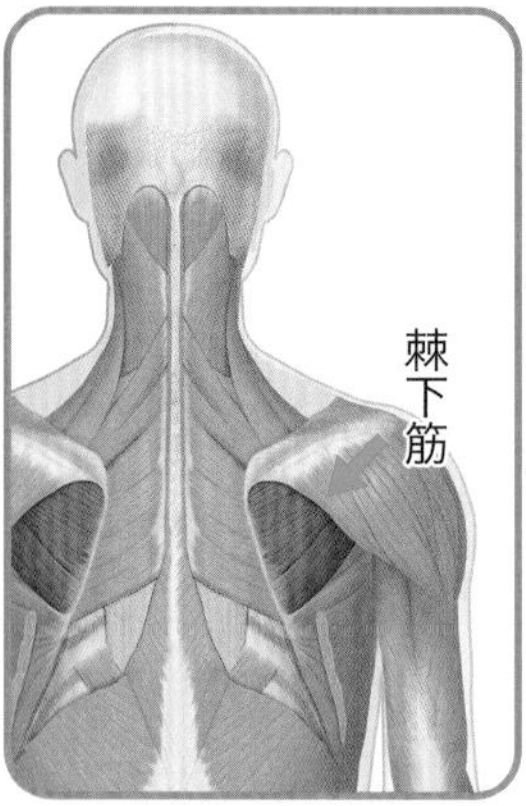

棘下筋《きょくかきん》は肩のインナーマッスルで、棘上筋《きょくじょうきん》、小円筋と併せて回旋筋腱板（ローテーターカフ）と呼ばれています。インナーマッスルなので力は強くありませんが、腕を横に広げて胸を開いたり、肩関節を安定させる働きがあります。

野球のピッチャーなど棘下筋に負担をかけて運動する人は肩を痛めやすく、運動をしない人でも硬くなって働きが悪くなると、五十肩など肩痛の原因になるので、柔軟性を保つことが大切です。

静的ストレッチ
Static Stretching

インナーマッスルなので筋膜にはアプローチできない代わりに、静的ストレッチに軽い動きを加えて柔軟性を保ちましょう。肩を使うスポーツをする人、荷物の上げ下げをよくする人は、このストレッチを習慣づけましょう。

体は固定したまま、肩だけが動くようにしましょう

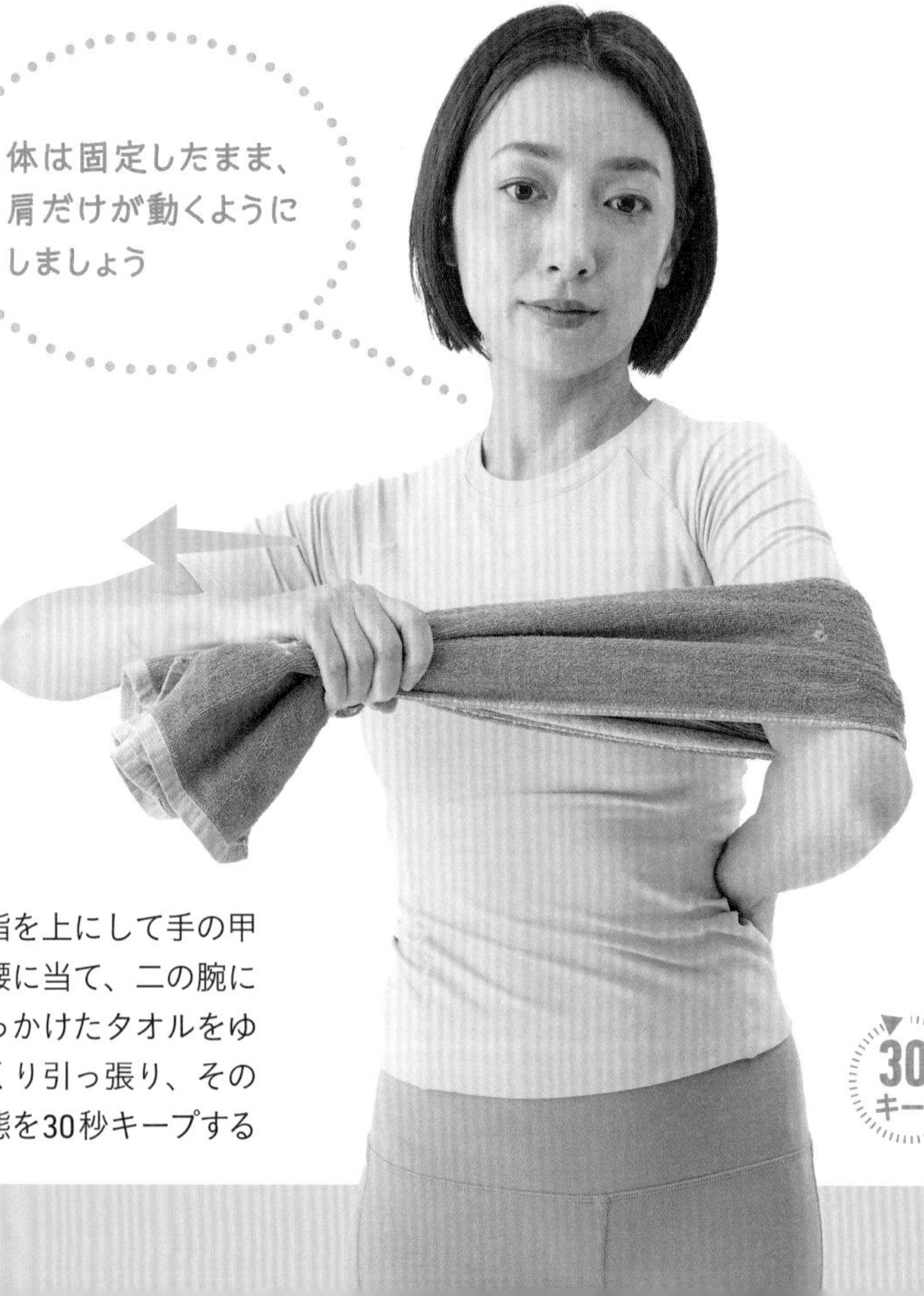

親指を上にして手の甲を腰に当て、二の腕に引っかけたタオルをゆっくり引っ張り、その状態を30秒キープする

30秒キープ

タオルがない時は
壁や柱を使って

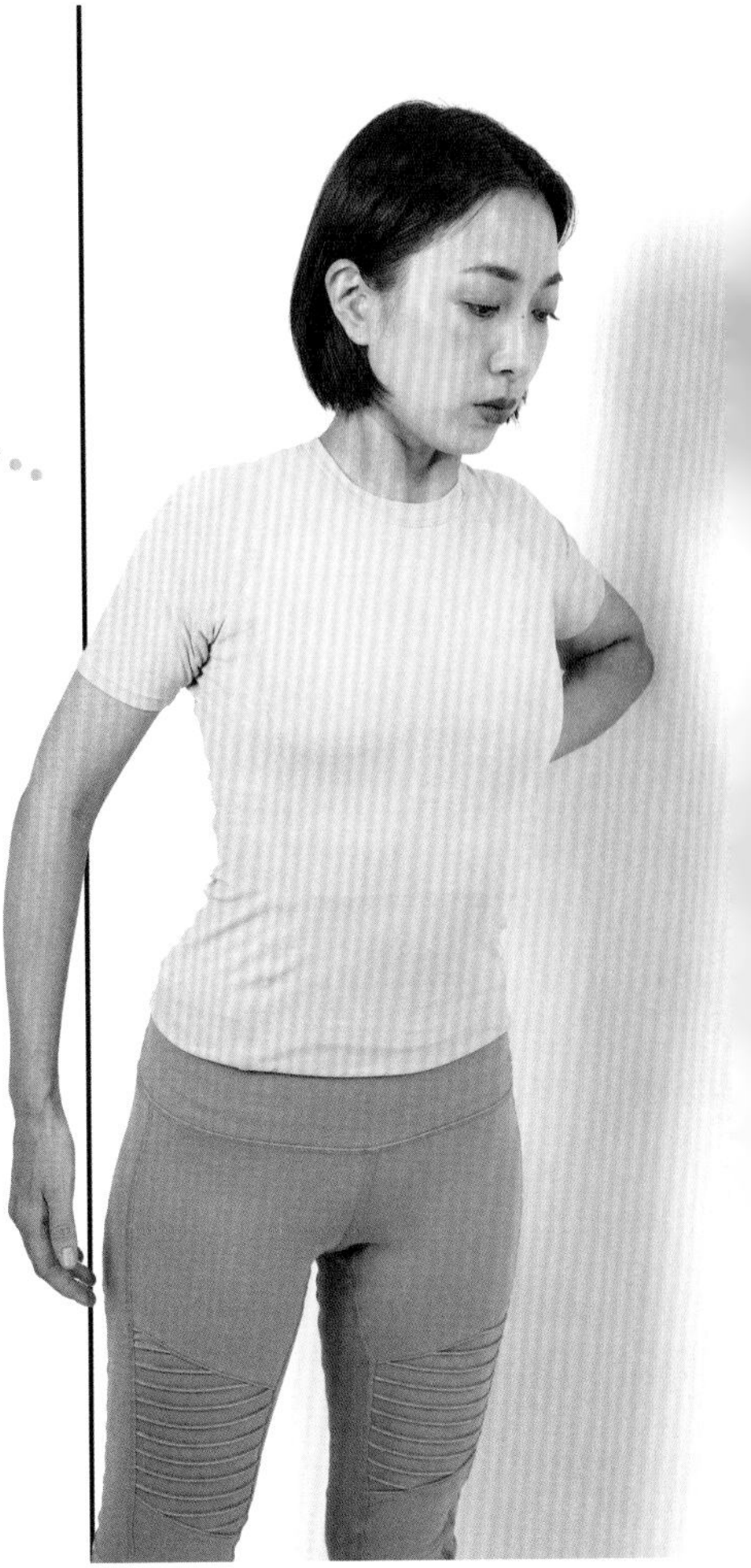

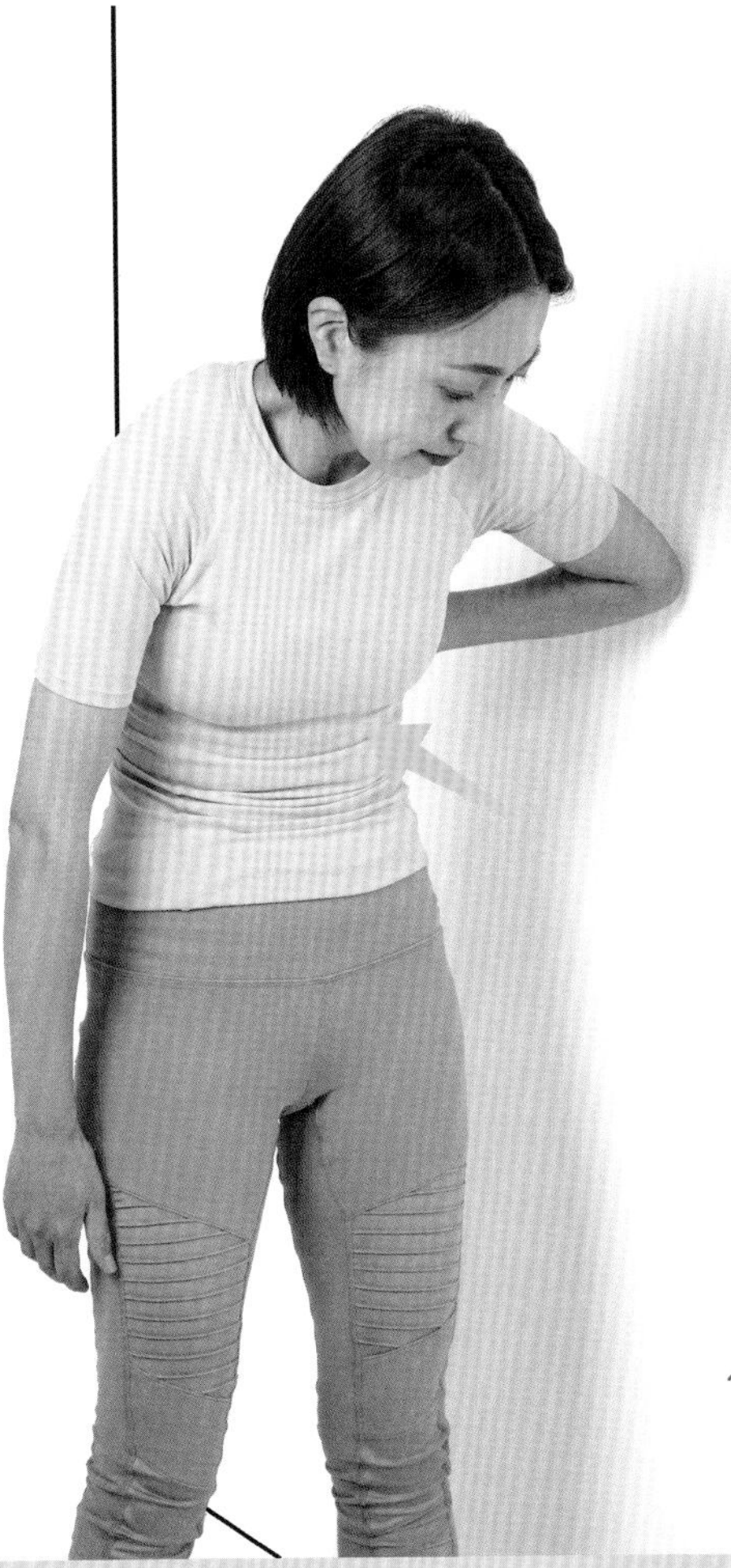

1 壁に横を向いて立ち、親指を上にして手の甲を腰に当て、ひじを壁につく

2 重心をかかとの方に移しながら、背中を少し丸めて30秒間その姿勢をキープする

30秒キープ

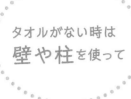

1 タオルを使った静的ストレッチの要領で、腕を横に引っ張る。引っ張る力に対し、引き戻す力で3秒抵抗する

3秒
抵抗

脳科学アプローチ
Neuroscience Approach

タオルで腕を引っ張る力に対し、肩の筋肉を使って腕を引き戻そうと抵抗します。インナーマッスルはデリケートなので、一気に引っ張ったり強く引っ張ったりすると、かえって肩を痛めてしまいます。じんわりと優しく引っ張ってあげるのがポイントです。

手の甲を
脇腹に
当てます

2 引っ張る力を弱めずに、伸ばす方の肩を脱力する。*1*と*2*を3回繰り返す

3秒
脱力

3回
繰り返し

Advenced
余裕のある人は

2 タオルを使った時と同様に、急激に強い力で引っ張らないのがポイント

1 ストレッチで肩が柔らかくなってきたら、タオルを使わずに手でひじを持って行うとよい

⑥棘上筋のストレッチ

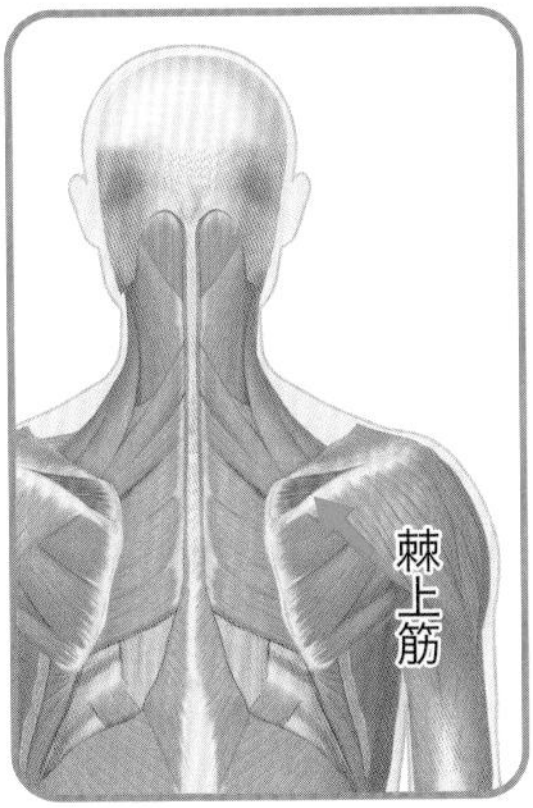

棘上筋は棘下筋と同じく肩のインナーマッスルで、回旋筋腱板を構成しています。肩甲骨と腕を固定し、腕が肩関節でスムーズに転がったり滑ったりする役割を担っています。小さな筋肉ですが、棘上筋が硬くなると肩が安定しなくなり、骨と筋肉や腱が挟まって炎症を引き起こします。
　脱臼しやすくもなり、腱板損傷や断裂、五十肩などの肩痛を予防するためにも、柔軟性を維持することはとても大切になります。

徐々にタオルを**短く持つ**ようにすると効果的

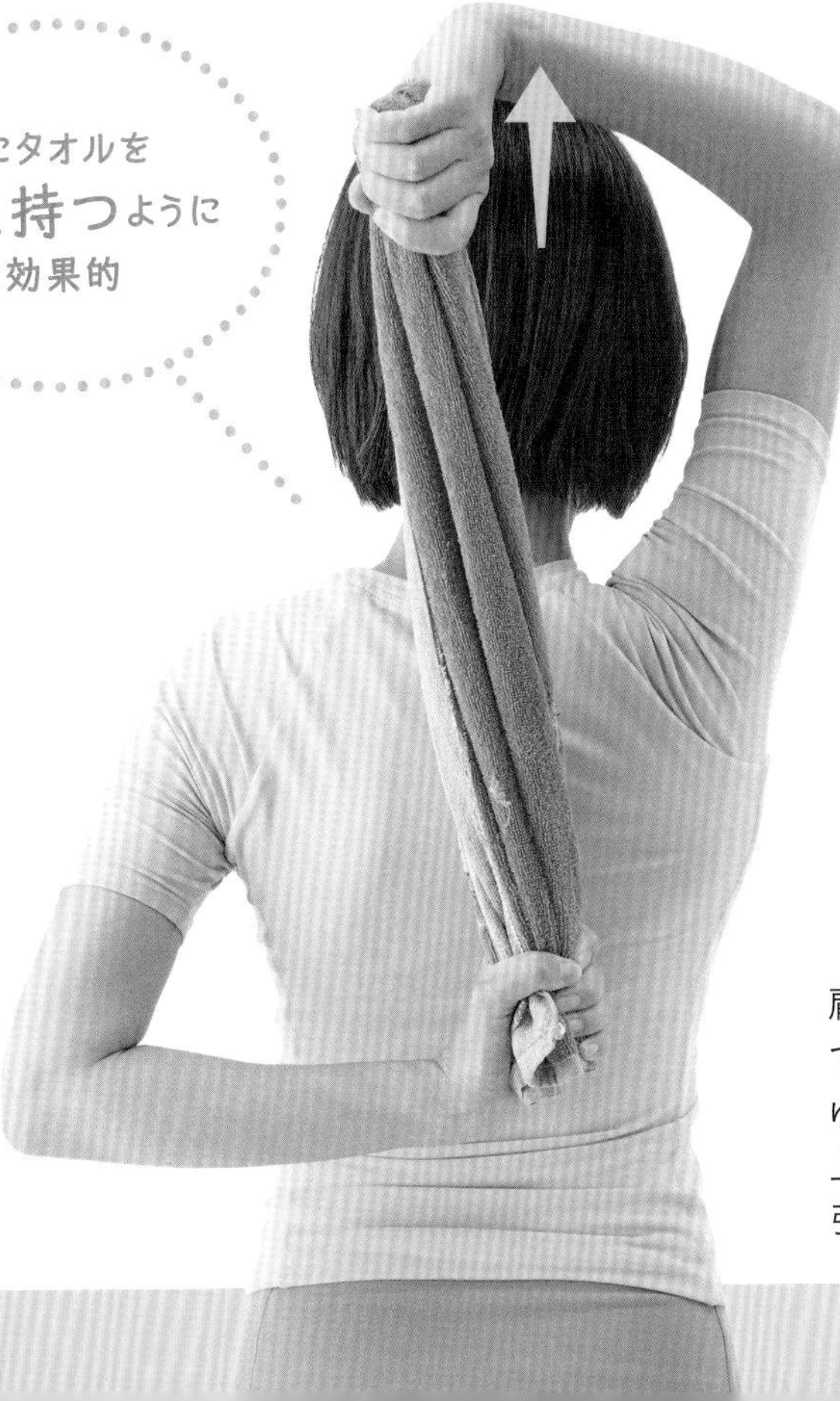

静的ストレッチ
Static Stretching

インナーマッスルなので、筋膜にはアプローチできません。静的ストレッチで、柔軟性を養いましょう。タオルを持った下の手の側の棘上筋がストレッチされます。デリケートな筋肉なので、強くて急激な力を加えないようにしてください。

30秒キープ

肩を伸ばす方の腕を下にして、背中でタオルを持つ。ゆっくりと、できる範囲で上の腕で引き上げる。30秒引っ張り続ける

タオルを使った静的ストレッチの要領で、上の手でタオルを引き上げる。引き上げる力に対し、下の手で引き下げようと3秒抵抗する。引き上げる力は抜かずに、下の手を3秒脱力する。これを3回繰り返す。

3秒 抵抗

3秒 脱力

3回 繰り返し

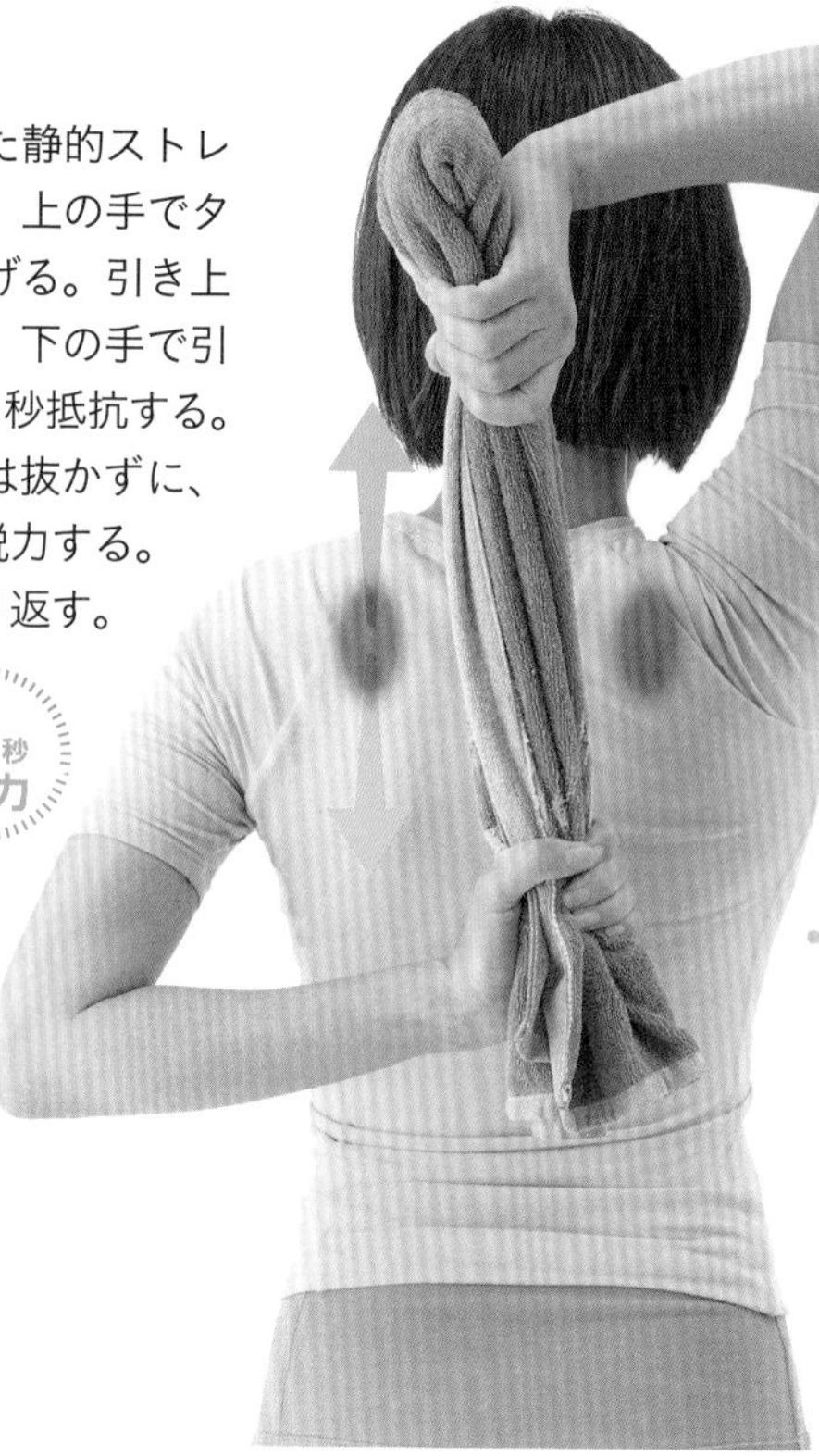

脳科学アプローチ Neuroscience Approach

背中でタオルを持ち、上の手でタオルを引き上げます。引き上げる力に対して、下の手で引き下げるように抵抗します。最初はタオルを長く持って行い、柔軟性の向上に合わせて徐々にタオルを短く持つようにしましょう。

段階的に力を強めてみましょう

手が握れるように!

Advenced 余裕のある人は

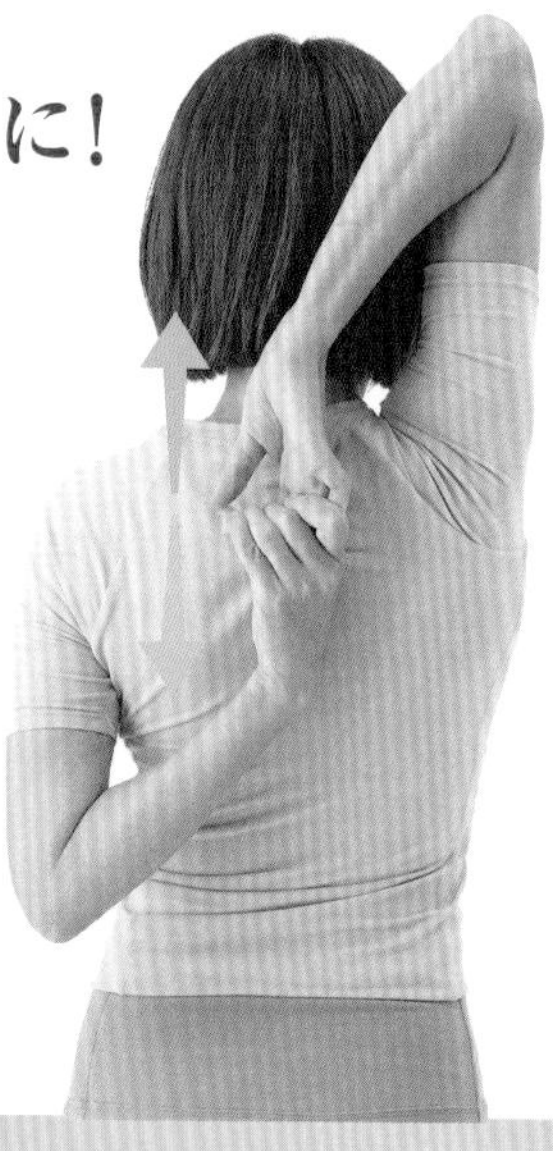

1 両手の指先が引っかけられる人は、タオルを使わずに脳科学アプローチを行ってみよう

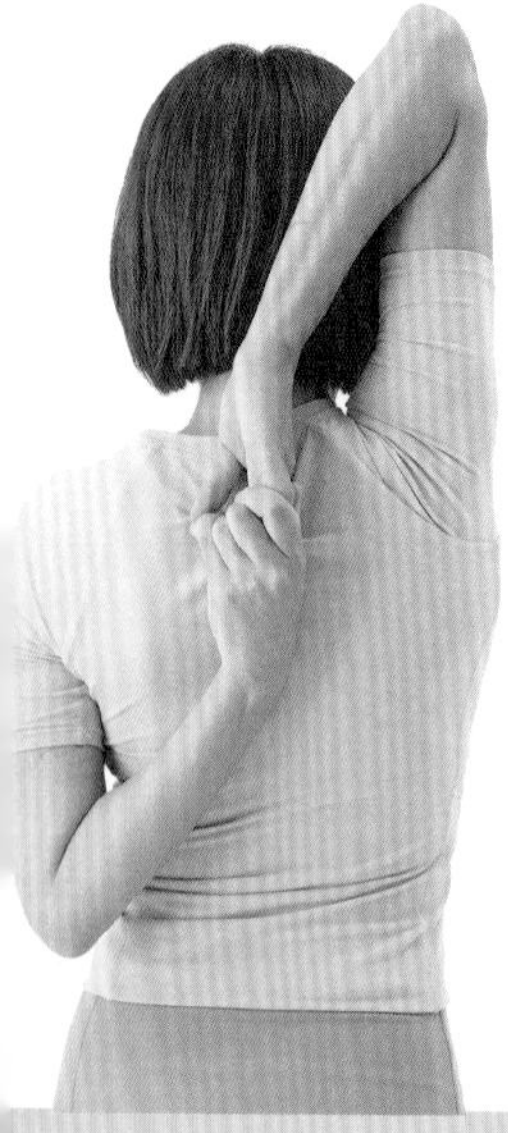

2 抵抗、脱力を3回繰り返すと、柔軟性が高まり、最初よりも深く手が握れるようになる

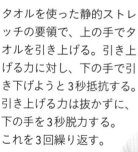

⑦広背筋 腰方形筋のストレッチ

広背筋《こうはいきん》は、腰から体の側面にかけて広がる、V字形の筋肉です。背中の筋肉では最も面積が広く、腕を下や後ろに引く働きがあります。腰方形《ようほうけい》筋《きん》は背中側で肋骨と骨盤をつなぐ筋肉で、姿勢を保つとともに体幹を横に倒す時に働きます。

どちらの筋肉も体の左右に一対ずつあるので、左右どちらかの筋肉が硬くなると、骨盤の高さが変わり、姿勢が悪くなったり腰痛の原因になることもあります。

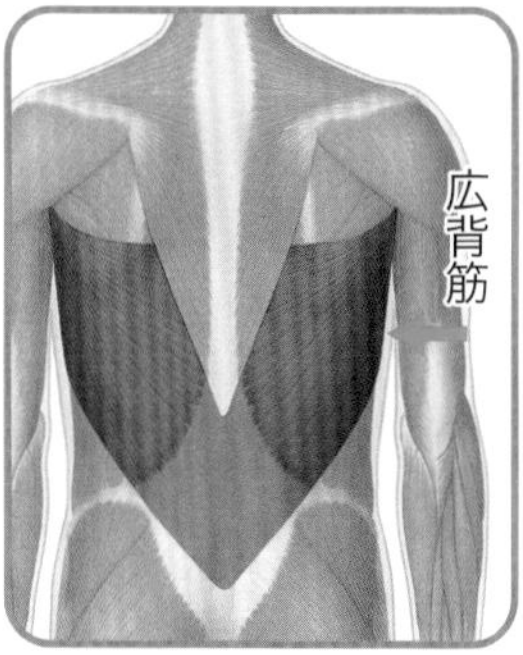
広背筋

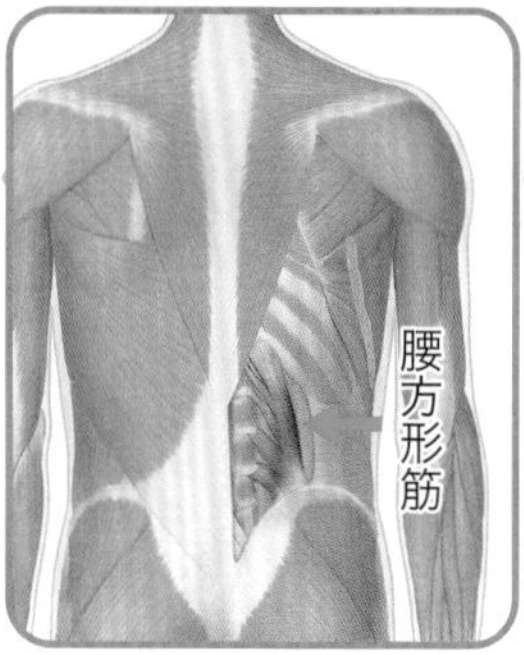
腰方形筋

筋膜アプローチ
Myofascial Approach

背中から腰にかけて、フォームローラーで、自分の体重を利用して広い範囲にアプローチします。両腕を上に伸ばすと、より深い刺激が得られますが、腰に不安のある方は腕を下ろして行いましょう。

腰が反りすぎないようにひざを立てましょう

ひざを立てた状態でフォームローラーの上に仰向けになり、30秒間、自分の体重で背中を刺激する。肩甲骨の下あたりから腰まで、ローラーの位置を変えて行う

30秒

1 ひざを立てた状態でフォームローラーの上に仰向けになり、ひざを左右に10回パタンパタンと倒す

10回繰り返し

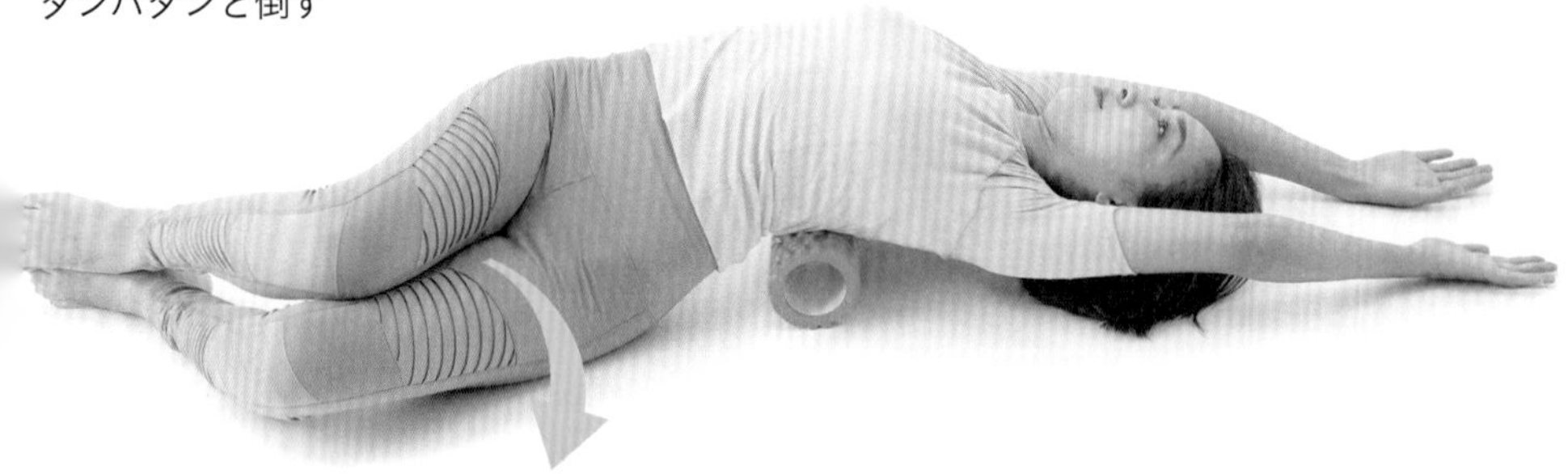

2 体を横に倒した時に、ひざを床につけるのが理想だが、無理のない範囲で行う

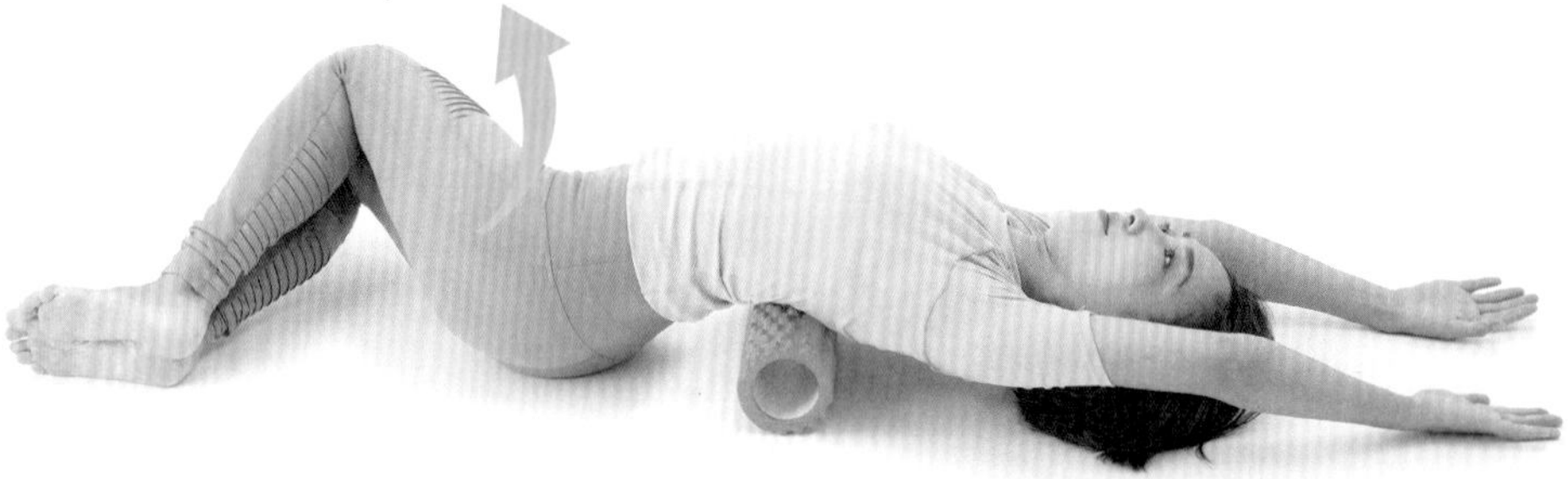

バンザイをして行うと深く刺激できるが、つらい場合は手を下げてもかまわない

布団やクッションの
上でやると
つらくありません

静的ストレッチ
Static Stretching

筋膜アプローチで筋肉を緩めたら、静的ストレッチで筋肉を伸ばしましょう。立った状態で片手を伸ばし、体を横に倒します。バランスに不安がある場合は壁に手をついたり、イスやテーブルを支えにするなど、安全な方法で行ってください。

30秒キープ

両脚を肩幅に開き、片手を腰に当てて反対の手を上げ、前方斜め上のできるだけ遠くに30秒伸ばす

伸ばす側とは反対の脚を前に出し、クロスして行うと、より効果的に筋肉を伸ばすことができる

脳科学アプローチ
Neuroscience Approach

伸ばす方の手を反対の手で引っ張り、それに抵抗することで背中から腰にかけて広がる広背筋と腰方形筋を伸ばします。ポイントは、引っ張られる時に体全体ではなく腰から上が傾くようにすることです。バランスに不安がある場合は、イスに浅く腰かけて行ってもかまいません。

3秒抵抗

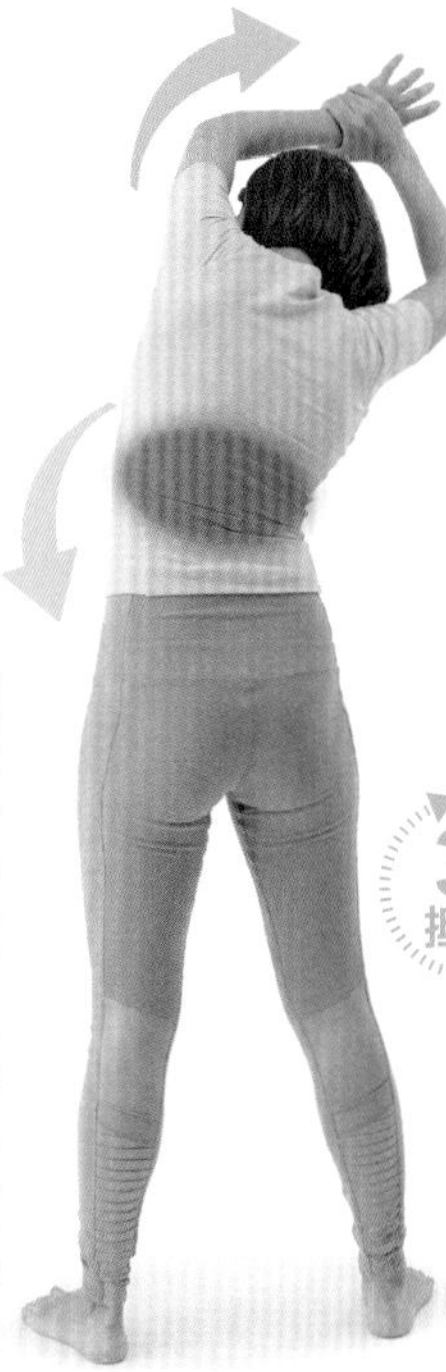

1

伸ばす方の手首を反対の手で持ち、前方斜め上に引っ張る。引っ張る力に対し、背中の筋肉を意識して引き戻すように3秒抵抗する

3秒脱力

3回繰り返し

2

引っ張る力は緩めず抵抗をやめて脱力する。*1*と*2*を3回繰り返す

⑧大胸筋のストレッチ

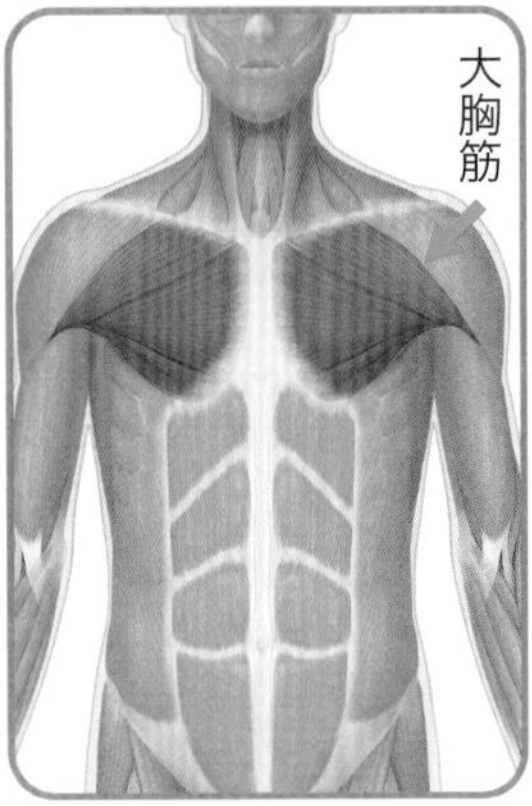

胸の前面に広がる大きな筋肉が大胸筋《だいきょうきん》です。鎖骨、胸骨、腹筋の上部とつながり、上腕骨の上部まで広がっていて、扇型をしています。腕を前に押し出す働きがあり、腕立て伏せをする時に使われます。また、息を吸う時にも大胸筋が働きます。

大胸筋が硬くなると肩が内側に入りやすくなるため、猫背の姿勢になります。肩のこりや張りの本当の原因が、大胸筋の硬直であるケースも少なくありません。

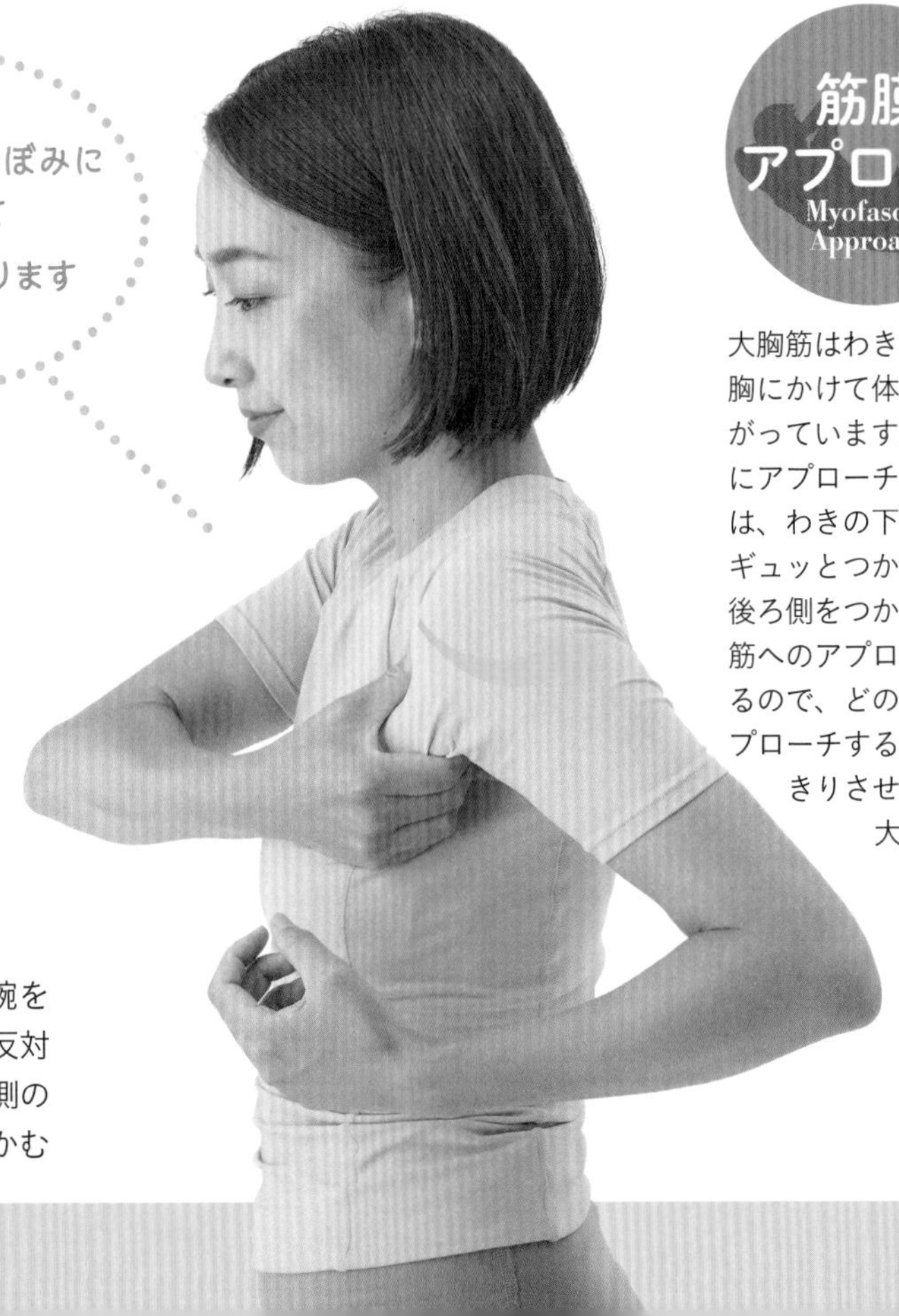

わきの下のくぼみに
指先を入れて
力強く握ります

筋膜アプローチ
Myofascial Approach

大胸筋はわきの下から胸にかけて体前面に広がっています。大胸筋にアプローチする場合は、わきの下の前側をギュッとつかみます。後ろ側をつかむと大円筋へのアプローチになるので、どの筋肉にアプローチするかをはっきりさせることが大切です。

1 ひじを曲げて腕を少し後ろに引き、反対の手でわきの下前側の筋肉をギュッとつかむ

ギュッと
つかんだまま
腕を振ります

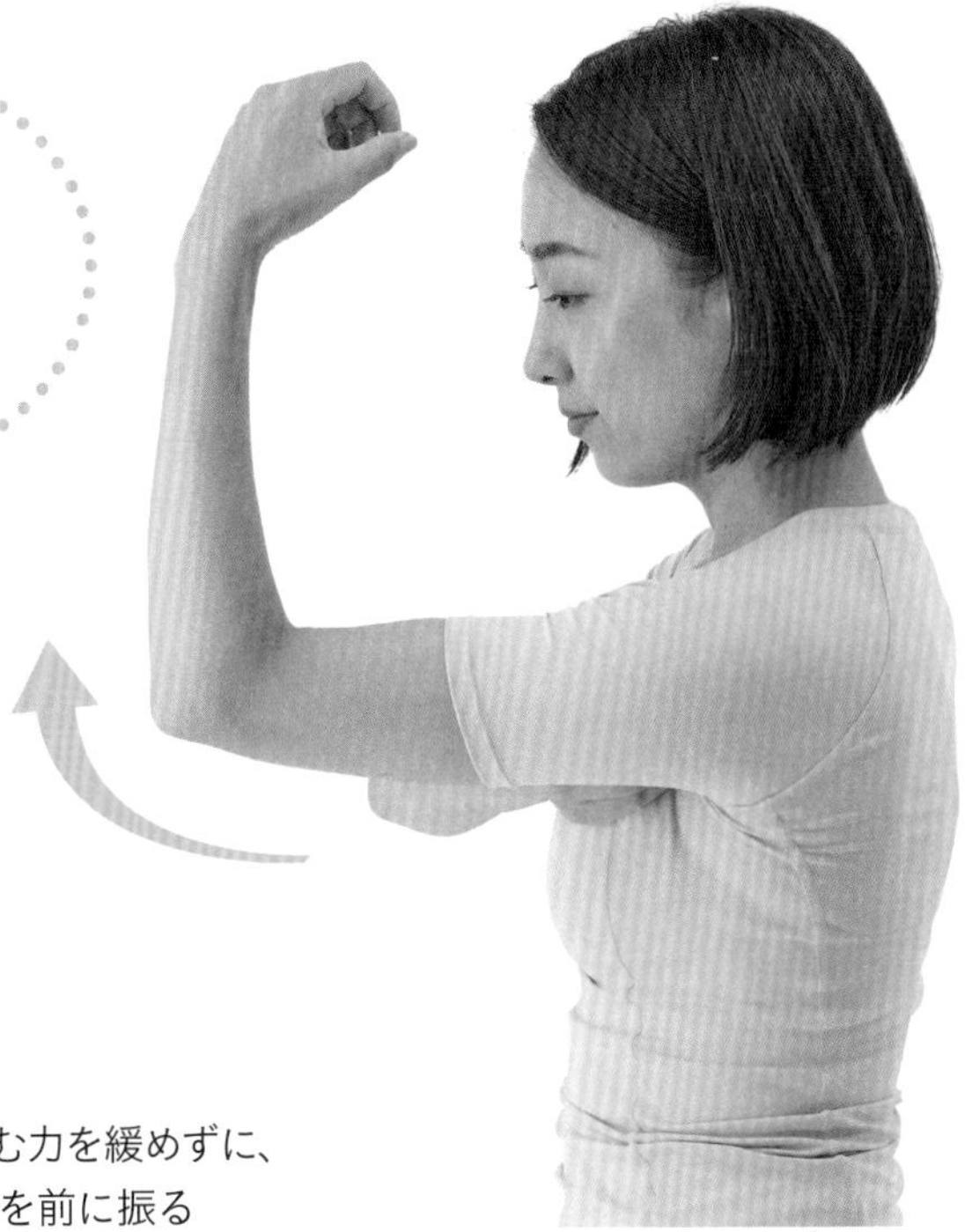

2 わきの筋肉をつかむ力を緩めずに、ゆっくりと大きく、腕を前に振る

ひじを大きく
引く意識を
持ちましょう

3 ゆっくりと大きく、腕を後ろに引く。前へ、後ろへと往復10回行う

10回往復

静的ストレッチ
Static Stretching

ひじを曲げて両手を上げ、後ろに引いても行えますが、より深くストレッチするには、イスや壁を使う方法がおすすめです。普段から胸が縮こまっている人は、ストレッチで姿勢が改善したり、呼吸がしやすくなります。

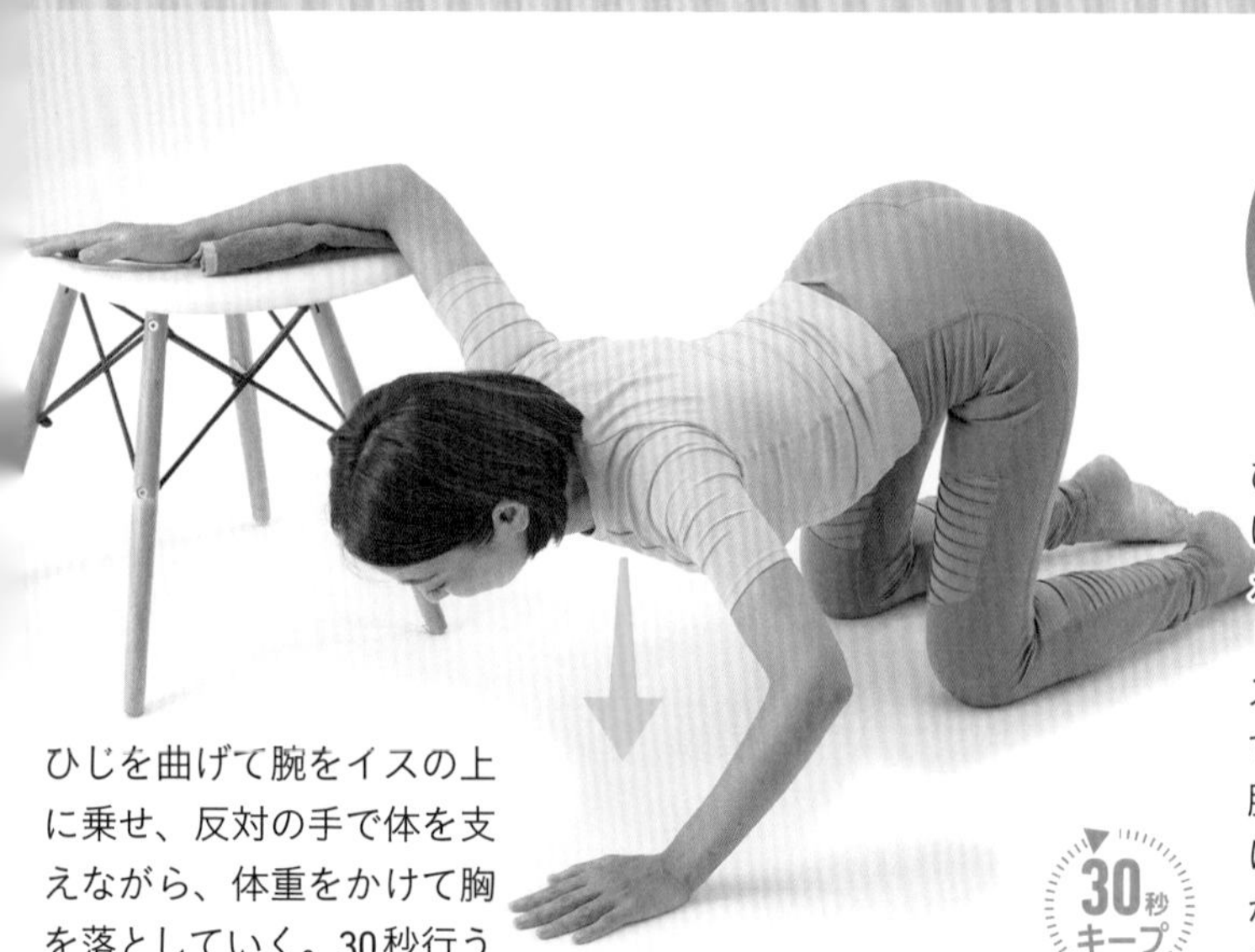

ひじを曲げて腕をイスの上に乗せ、反対の手で体を支えながら、体重をかけて胸を落としていく。30秒行う

30秒キープ

壁を使って立ったままの姿勢でもOK

1

壁に向かって足を前後に開いて立ち、肩よりやや上にひじがくるように、壁に腕をつく

2

背すじを伸ばしたまま上半身を前に倒し、胸の筋肉が伸びたところで30秒キープする

30秒キープ

3秒
抵抗

脳科学アプローチ
Neuroscience Approach

イスを使った静的ストレッチの状態で、体が床に近づかないように抵抗しながら、ストレッチを行います。ポイントはイスに乗せた腕ではなく、胸の力で体重を支え、上体を押し返すような意識を持つことです。

1 床についた手ではなく、イスに手を乗せた側の胸で体重を支えて押し返すように3秒抵抗する

胸の筋肉で
体重を支える
意識を持ちましょう

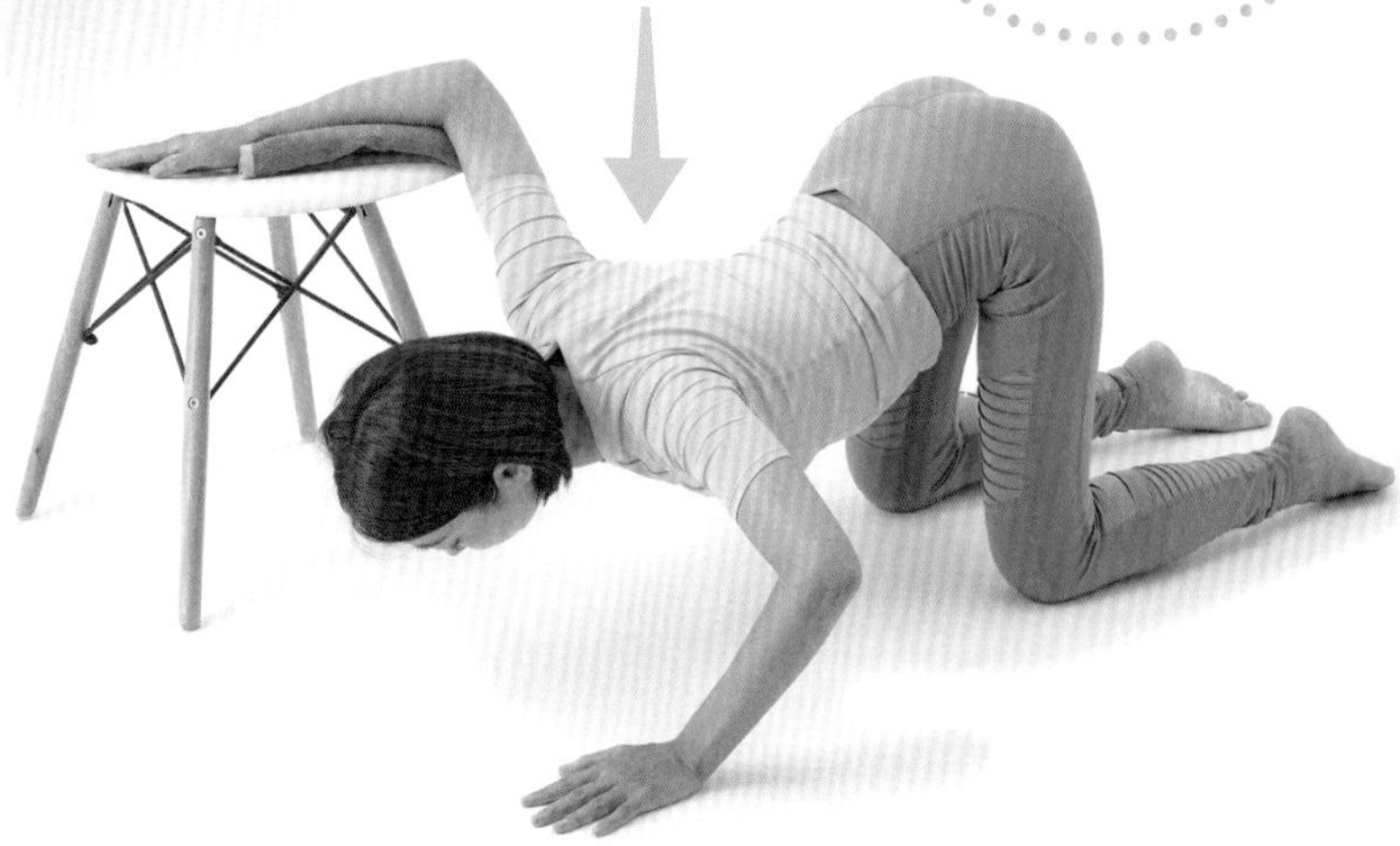

2 胸の力を抜いて脱力し、胸を床に近づける。
*1*と*2*を3回繰り返す

3秒
脱力

3回
繰り返し

⑨大円筋のストレッチ

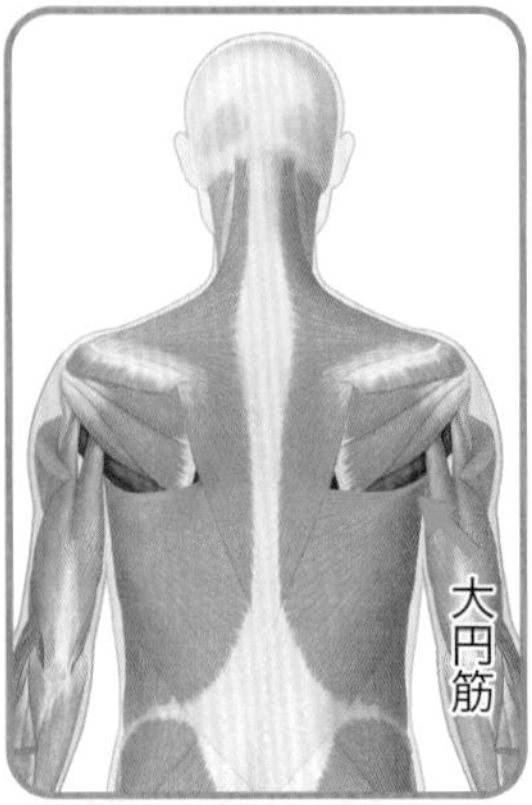

大胸筋がわきの前側から胸にかけて大きく広がるのに対して、大円筋《だいえんきん》はわきの後面から背中側、肩甲骨の一番下の部分につながる筋肉です。腕の筋肉に分類され、腕を体のわきから後ろ方向へ動かしたり、体の正面に内旋したりする時に働きます。

小円筋という筋肉と隣り合っていますが、それぞれ働きはまったく逆です。そのため、大円筋が硬くなると、小円筋の働きを妨げ、腕を体の外側に開きにくくなります。

筋膜アプローチ
Myofascial Approach

フォームローラーをわきの下の背中側に当てることで、大円筋の筋膜にアプローチできます。普段あまり刺激されない部位なので、ローラーを当てると痛みを感じます。手で体を支え、ローラーにかかる重さを調節してみてください。

1 わきの下の背中側にローラーを当て、反対の手で体を支える。股関節、ひざは軽く曲げておく

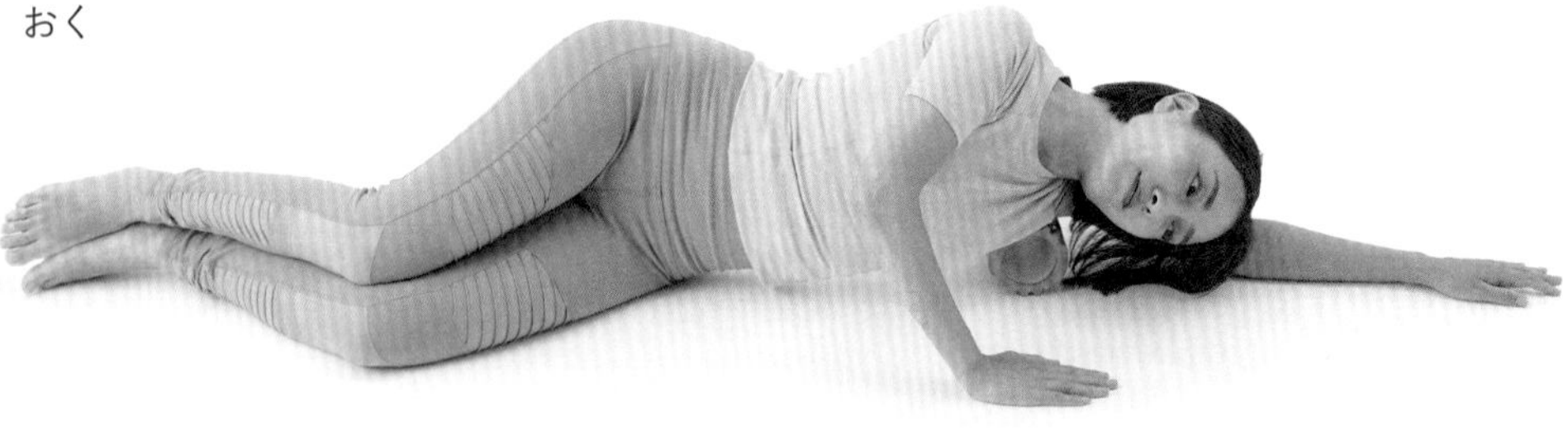

2 ゆっくりと体を背中側に倒し、おへそを上に向ける

3 ゆっくりと体を前に倒し、おへそを床に向ける。*2*と*3*を10回繰り返す

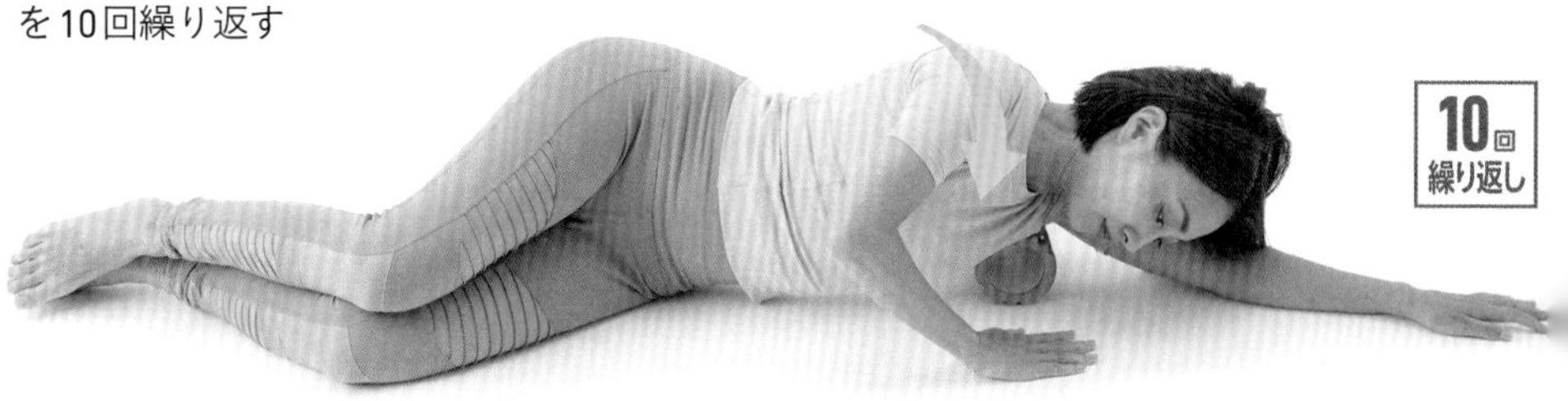

10回繰り返し

より深く効かせたい場合は

下になっている腕を床から浮かせてストレッチすると、より深くアプローチできる。さらに腕を回しながら行うと、より一層アプローチが深くなる

After

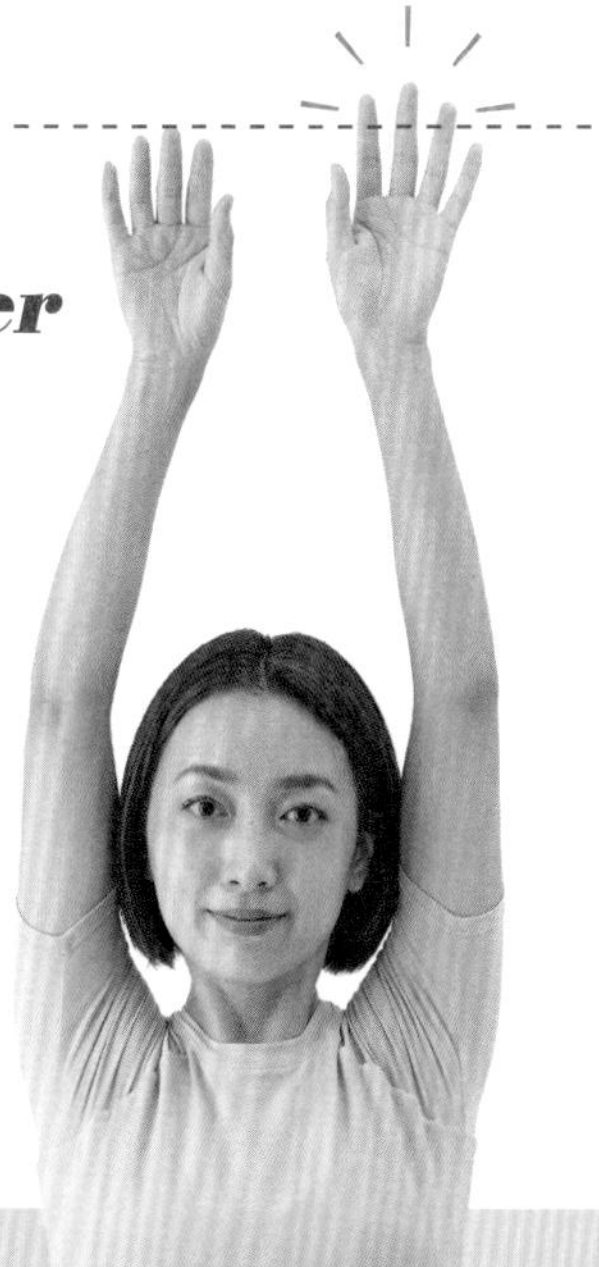

Before

筋膜アプローチを体の片側だけ行ってバンザイをすると、筋膜アプローチした方の筋肉が緩んで、手の長さに違いが現れる

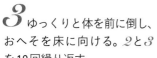

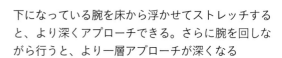

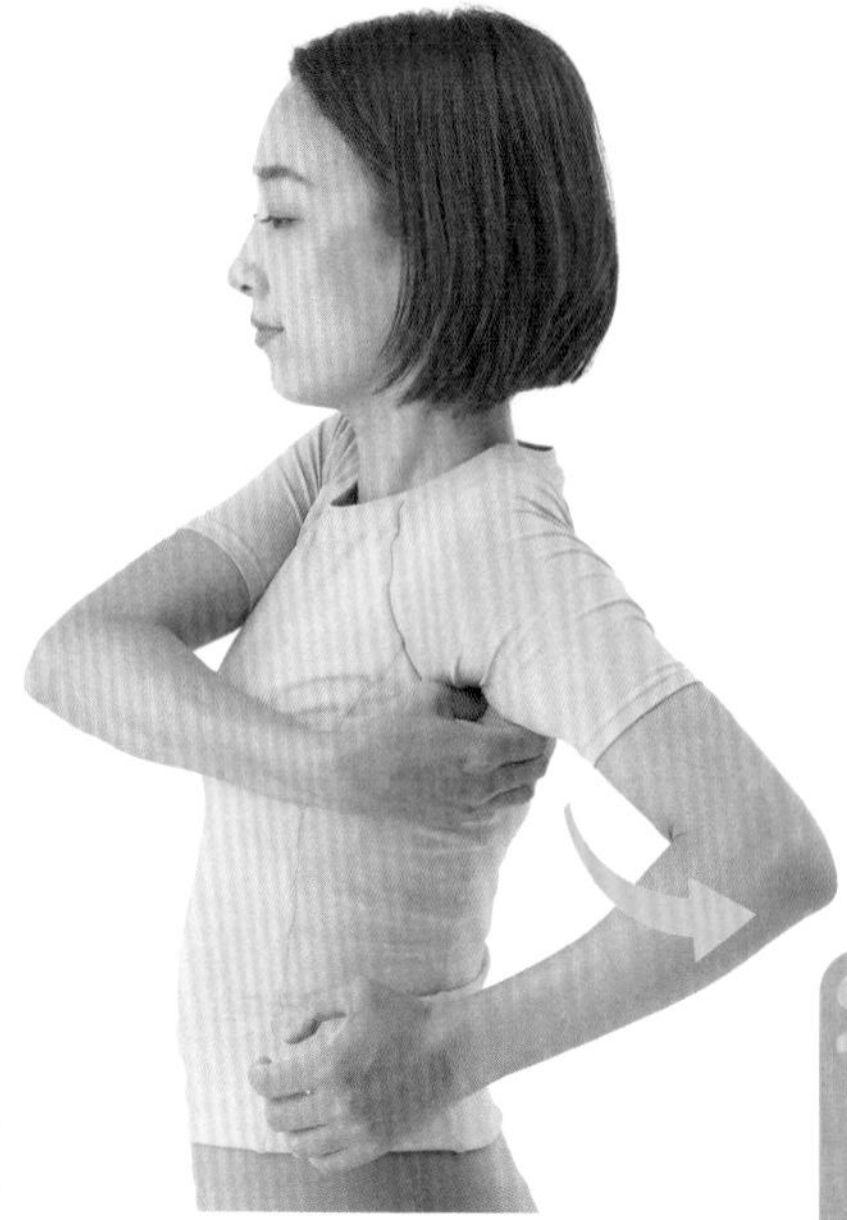

1

フォームローラーがない場合は、わきの下の背中側の筋肉を反対の手でつかみ腕を振ってもOK

2

わきの下をギュッとつかんだ力を緩めずに、腕を前後にゆっくりと大きく、10回振る

10回 繰り返し

静的ストレッチ

Static Stretching

上腕のストレッチとして紹介されることが多いポーズですが、伸ばす方のひじを横方向に軽く引っ張ることで、大円筋を効果的にストレッチできます。アゴを引くようにして行うと効果的。頭を前に倒しすぎないのがポイントです。わきの後ろ側が伸びていることを感じながらストレッチしてください。

上体が横に傾かないよう注意しましょう

伸ばしたい方の腕を頭の後ろに上げ、ひじを曲げる。反対の手をひじに当て、軽く横に引っ張って30秒キープする

30秒 キープ

ひじではなく
大円筋で
抵抗します

脳科学アプローチ
Neuroscience Approach

静的ストレッチのポーズは上腕のストレッチにもなりますが、ひじを横に引っ張る力に抵抗することで、大円筋の脳科学アプローチになります。肩や肩甲骨周辺にはいくつもの筋肉がありますが、大円筋の場所を64ページのイラストで確認し、大円筋を意識して行うことが大切です。

3秒
抵抗

1 頭の後ろにひじを曲げて腕を回し、反対の手でひじを横に引っ張る。引っ張る力に対し、大円筋を意識的に使って3秒間、ひじを引き戻して抵抗する

だんだん肩が
深く入るように
なります

3秒
脱力

3回
繰り返し

2 引っ張る力は抜かずに、大円筋で抵抗するのをやめて脱力する。*1*と*2*を3回繰り返す

⑩菱形筋のストレッチ

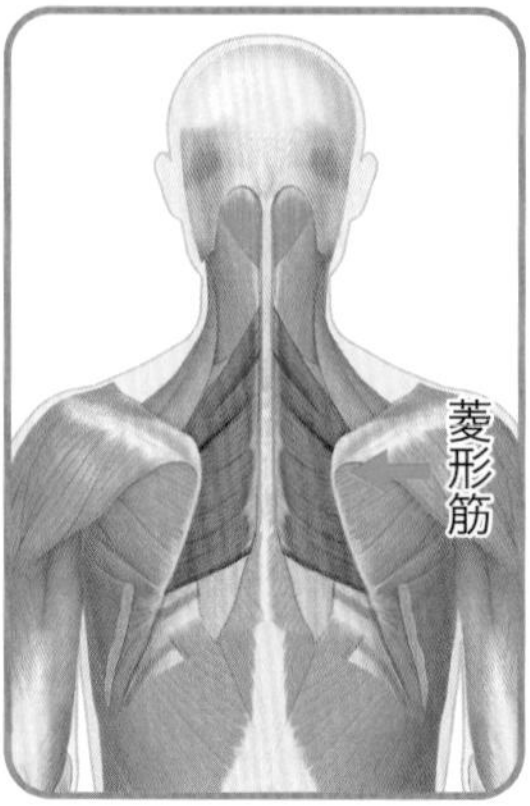

菱形筋《りょうけいきん》は肩甲骨と背骨の間にある筋肉で、上の方にある小菱形筋と下の方にある大菱形筋の二つの筋肉を総称して菱形筋と呼びます。肩甲骨同士を引き寄せたり、肩甲骨を下向きに回す時に働きます。

菱形筋が弱くなると肩が前に出て巻き肩になったり、猫背になったりします。デスクワークなどで同じ姿勢が続いて菱形筋が硬くなった場合も、胸が開きにくくなるので、同様に巻き肩や猫背の姿勢が現れます。

ここが Point **ボールは肩甲骨と背骨の間に当てる**

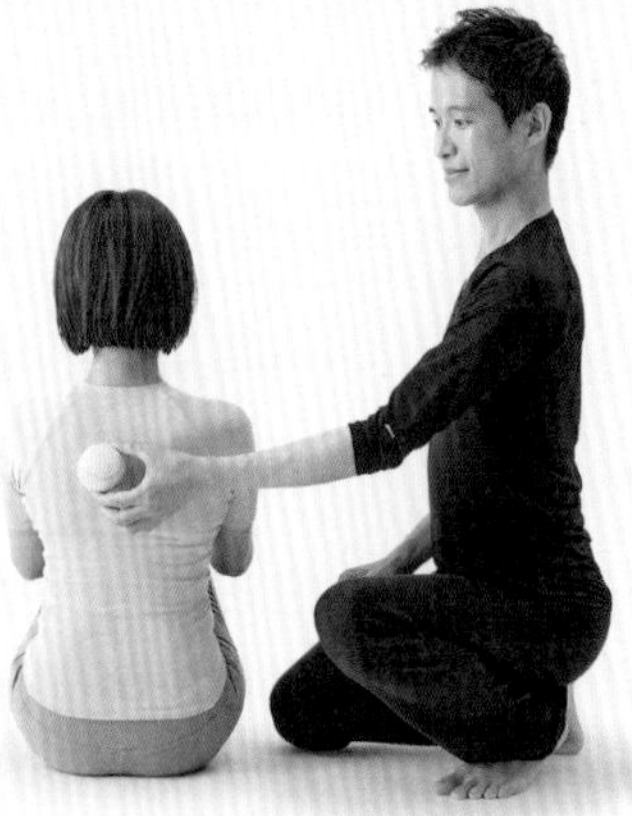

菱形筋の筋膜アプローチでは、ボールを当てる位置がポイントになります。菱形筋は肩甲骨と背骨の間にあるので、背中の上部にボールを当てます。肩甲骨の上下の長さの範囲で、ボールを当てる位置を調整しましょう。

筋膜アプローチ
Myofascial Approach

菱形筋は狭いところにあるため、テニスボールやゴルフボールを使います。腕を上下に動かすとさらに深く刺激できるので、慣れたら腕を動かしてみてください。

ボールの上に仰向けになり、腕を上に伸ばして10秒間キープする。ひざは軽く曲げておく

10回往復

Advenced
余裕のある人は

余裕のある人は、手の甲を床で擦るように、腕をゆっくりと上下に10回動かす

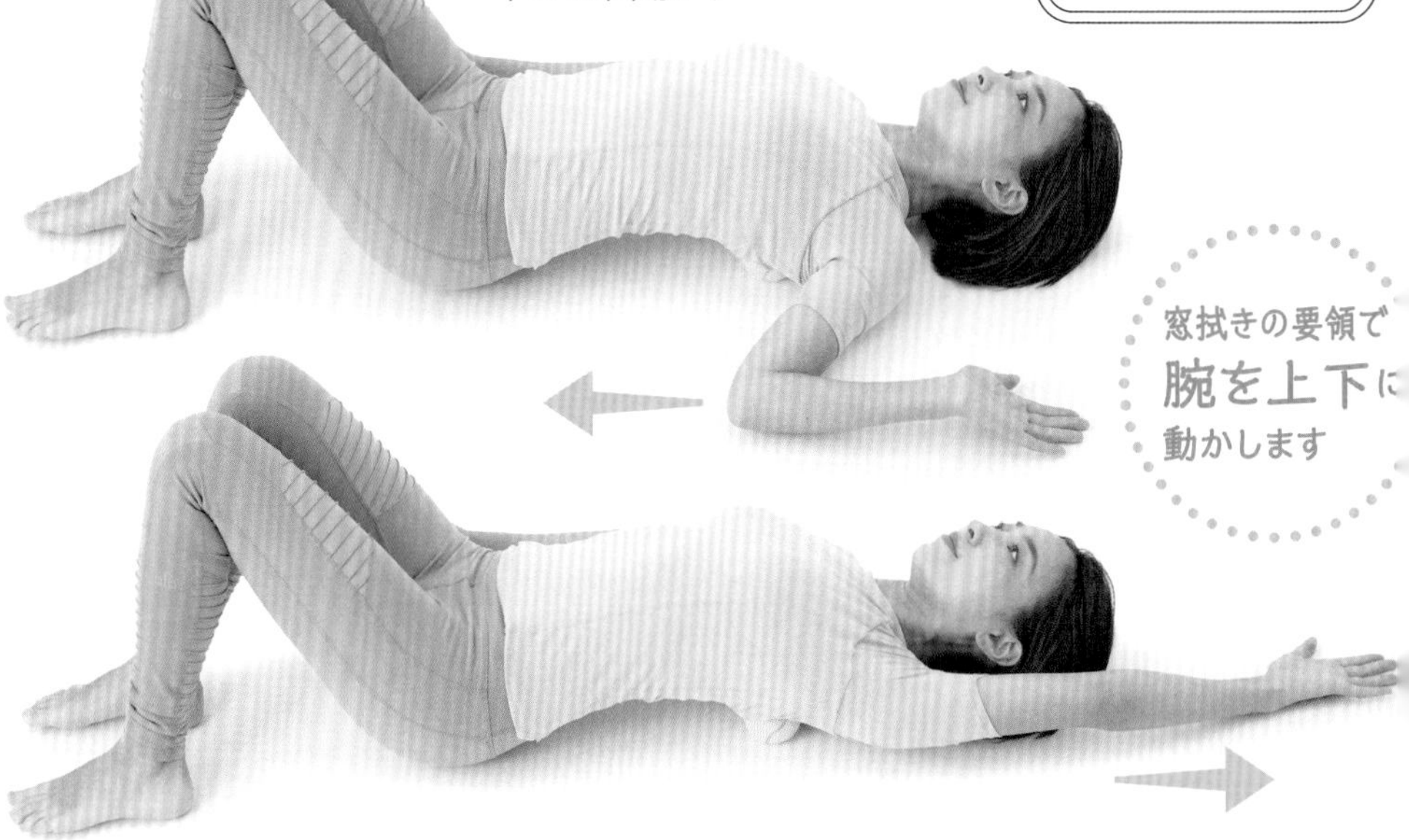

窓拭きの要領で**腕を上下**に動かします

静的ストレッチ
Static Stretching

1 手で外側から反対の足を持ち、背中の伸びを感じるところまでひざを伸ばして30秒キープ

30秒キープ

2 バランスがとれる人は、足を床から浮かせるとより直接的に菱形筋へアプローチできる

手で反対側の足を持つことで、手の側の背中が伸び、菱形筋がストレッチされます。反対側の足を外側から持つと、より効果が高まります。背中をやや丸めて行えば、さらに効果的です。ひざは背中の伸びを感じるところまで伸ばします。

もし前ページの動作が難しかったら

おへそを見るようなポーズで

ひざ痛などの症状がある場合、イスに座っても行える。浅く座ると背中を丸めやすい

ひざをついて床に座り、背中を丸めるようにして組んだ手を前方に伸ばす

3秒 抵抗

1 ひざを伸ばす力に対し、肩甲骨周辺の筋肉で引き戻すように3秒抵抗する

脳科学アプローチ Neuroscience Approach

ひざを伸ばす力に対し、肩甲骨周辺の筋肉で抵抗することで、脳科学アプローチのストレッチになります。ポーズ的に難しい場合は、タオルを足に巻いて、タオルを引っ張る感じでもいいでしょう。タオルがすっぽ抜けないよう、足にグルリと巻いてください。

3秒 脱力

3回 繰り返し

2 ひざを伸ばす力は抜かず、肩甲骨周辺の筋肉を脱力する。*1*と*2*を3回繰り返す

⑪脊柱起立筋のストレッチ

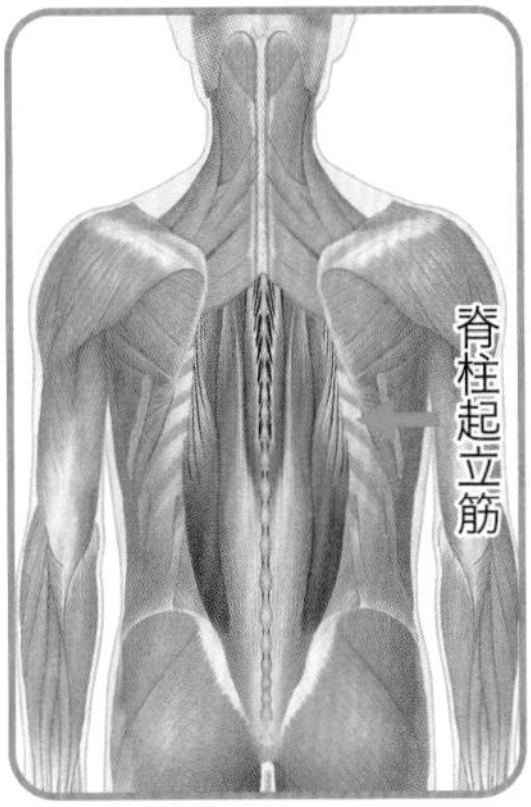

脊柱《せきちゅう》起《き》立筋《りつきん》は背骨の両側にある最長筋、棘筋、腸肋筋を総称した呼び名です。静止時は名前のとおり背骨を立てておく働きがあり、両側が働くと背骨を後屈、片側が働くと上体を横に傾ける作用があります。日常的に働いているため、持久力があります。

脊柱起立筋が硬くなると、背中が張るなどの不快感が現れるほか、背中が硬くなるので前屈がしにくくなります。また、緊張状態が続くと腰痛の原因にもなります。

ここがPoint ボールは背骨のすぐ脇に当てる

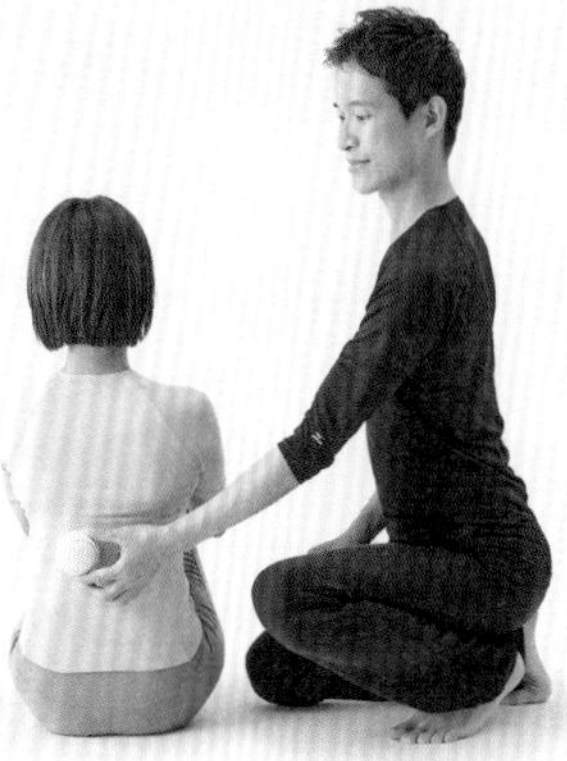

脊柱起立筋に刺激を入れるには、肩甲骨の下から腰にかけての、背骨のすぐ脇にボールを当てるのがポイントです。お尻を浮かして体を上下に動かす、ボールを当てる位置を変えるなどして、まんべんなく刺激しましょう。

筋膜アプローチ Myofascial Approach

脊柱起立筋は背骨の両側に長く伸びているので、テニスボールやゴルフボールを使って筋膜にアプローチします。ボールの上に仰向けになるだけで刺激は入りますが、余裕がある人はお尻を浮かして体を上下に動かすと、より深く刺激が入ります。

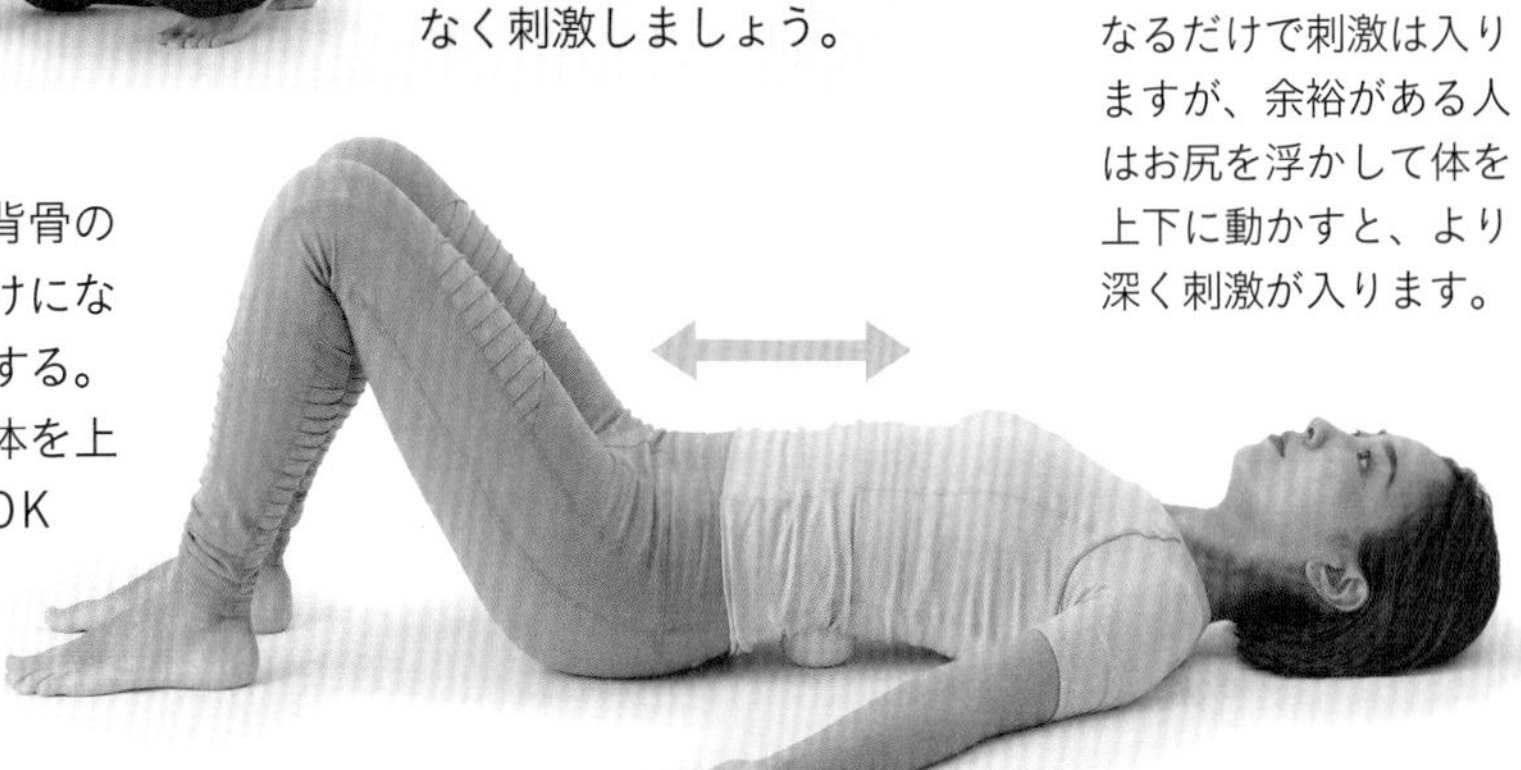

ボールを腰部の背骨の脇に当てて仰向けになり、30秒キープする。お尻を浮かして体を上下に動かしてもOK

30秒キープ

静的ストレッチ
Static Stretching

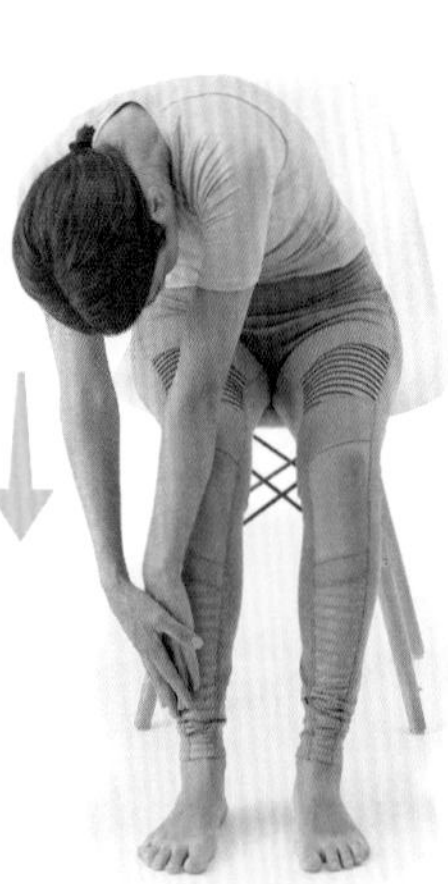

おへそを見るようにして、手を体の斜め前に下げるとより深く刺激が入る

イスに浅く座り手をクロスして、背中を丸めるように体の斜め前方に30秒伸ばす

脊柱起立筋は上体を横に傾けたり、ひねったりする時に働きます。腕を体の前方に伸ばし、背中を丸めることでストレッチされます。柔軟性が出てきたら、仰向けで体をひねる方法で行うと、より深くストレッチされます。

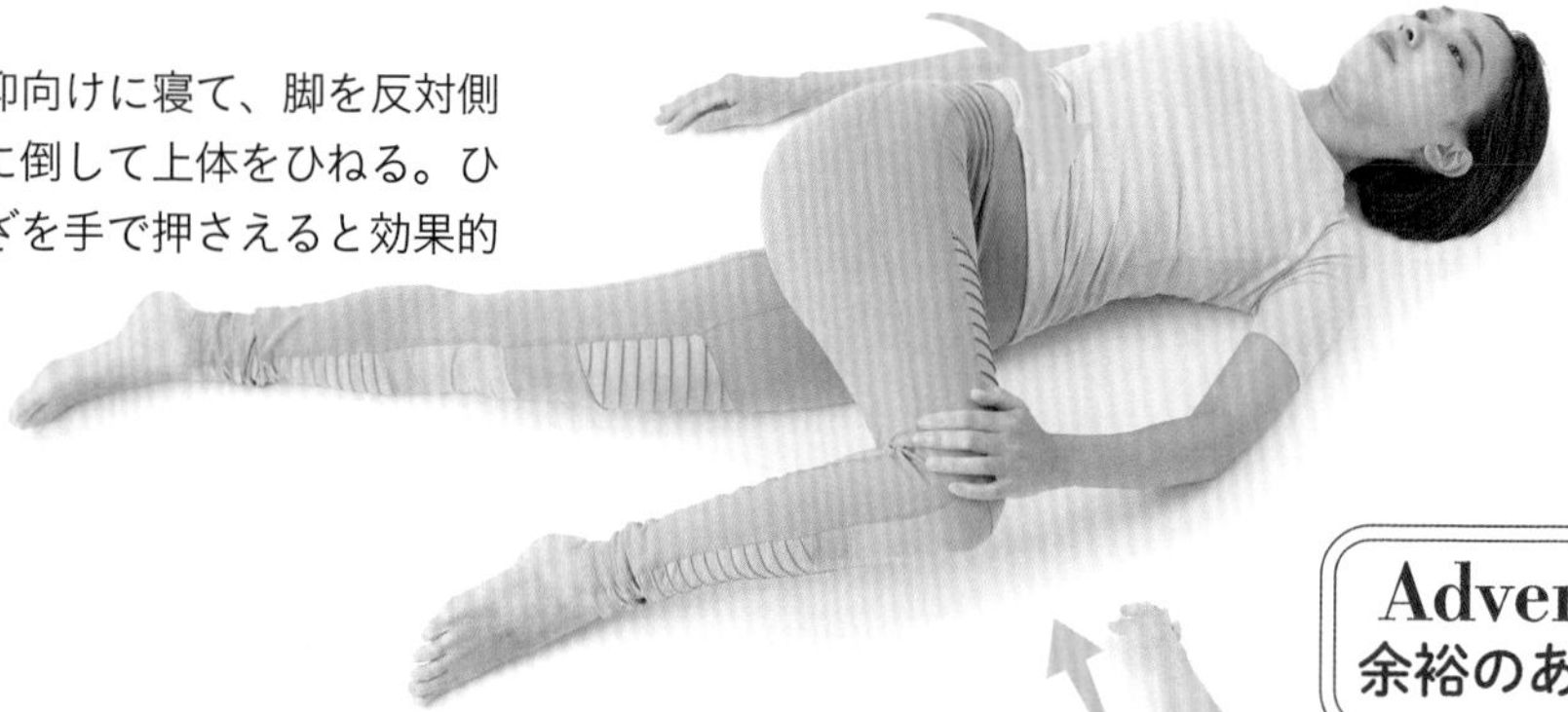

仰向けに寝て、脚を反対側に倒して上体をひねる。ひざを手で押さえると効果的

Advenced
余裕のある人は

腕を体の横に伸ばし、顔を指先に向けるとさらに深くストレッチできる

⑫外腹斜筋のストレッチ

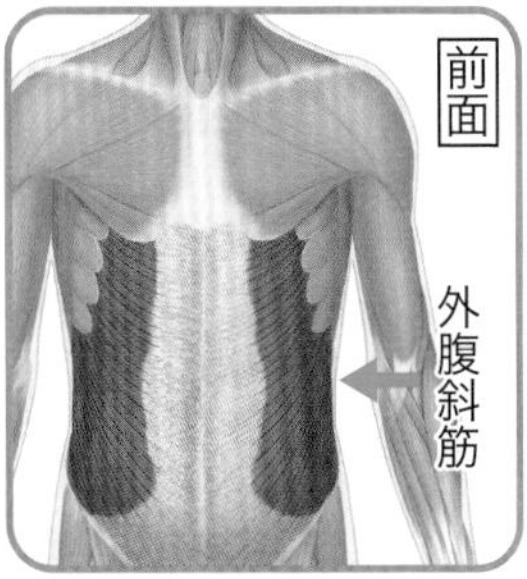

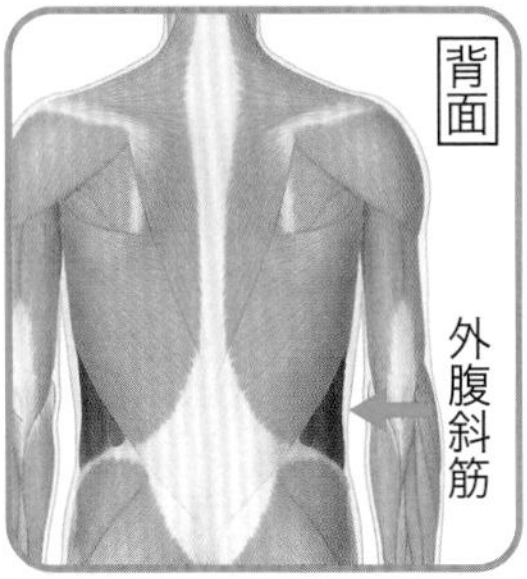

外腹斜筋《がいふくしゃきん》は、お腹の側面の最も浅い場所にある筋肉です。体をひねったり、横に倒したり、前屈させたりする時に働きます。腹部には内臓を守るための硬い骨がないので、外腹斜筋は腹部のほかの腹筋とともに、内臓を守る役割を果たしています。

外腹斜筋が硬くなると、体をひねる運動、例えば自転車で左右や後方が確認しにくくなります。また腰痛がでたり、腹圧が上手くかけられなくなり、排便にも影響が出ます。

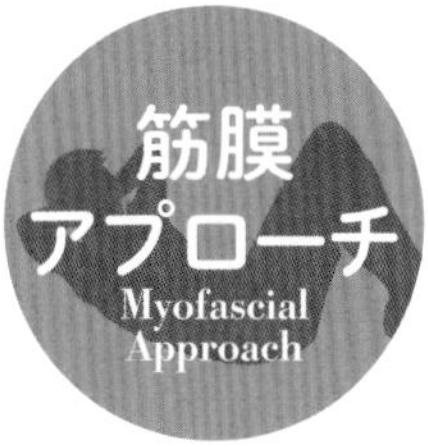

外腹斜筋は体の側面の、肋骨の中間からおへその下まで広がっています。フォームローラーで筋膜にアプローチすると、肋骨を「ゴリッ」として思わぬケガにつながるので、たたんだタオルをお腹の脇に当てて刺激します。また、手を使って刺激する方法もあります。

お腹の横にたたんだタオルを置いて横になり、体重を利用して30秒じんわり圧をかける

手を上下にも移動させて、脇腹をまんべんなく刺激すると効果的

手のひらを上にして脇腹に当て、前後に30秒さするように動かす

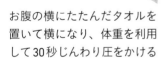

おへそを上に向ける

意識を持ちます

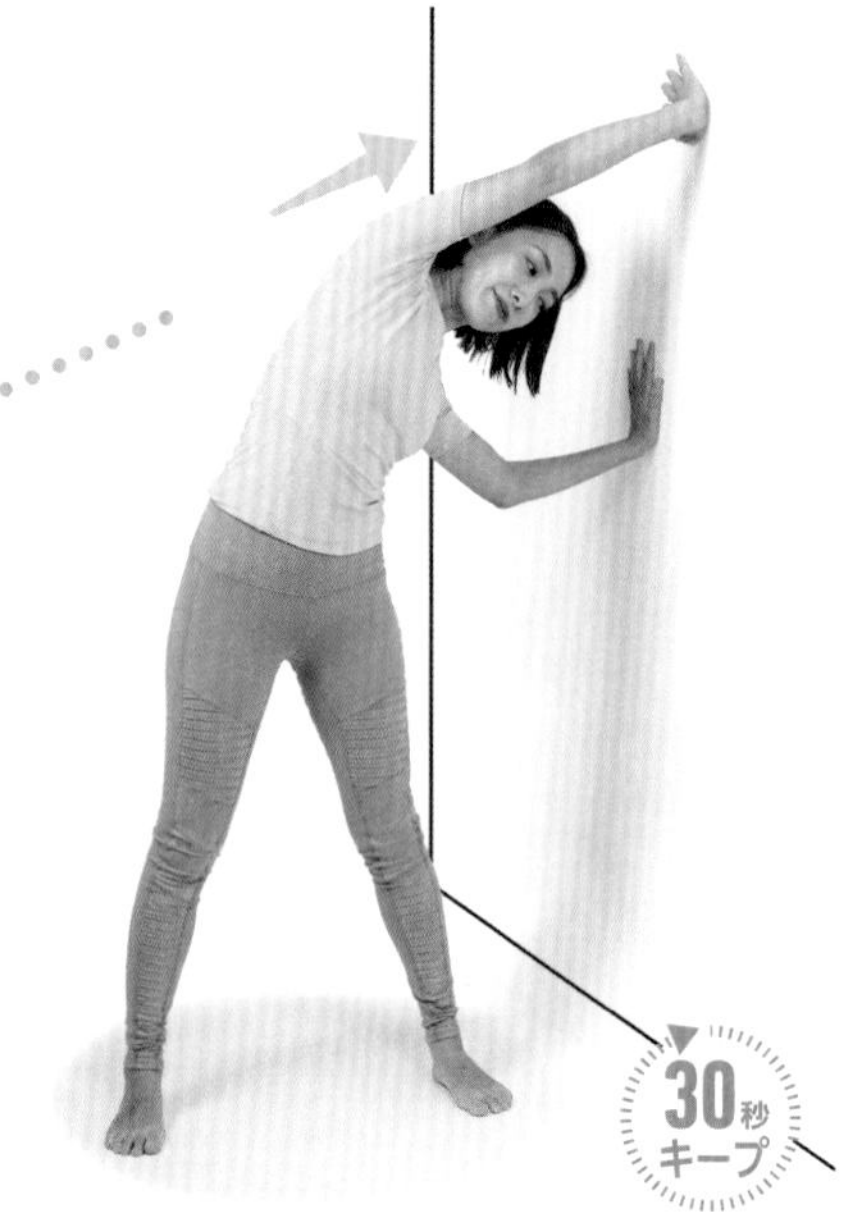

静的ストレッチ
Static Stretching

外腹斜筋は上体を横に倒すと伸ばすことができます。転倒を防止するために、壁を使って行うのがおすすめです。ポイントは、上体を真横に倒すのではなく、少しひねりを加えておへそが上を向くよう意識することです。腰を痛めないよう、できる範囲で行ってください。

両脚を肩幅に開き、壁に向かって横向きに立つ。壁を支えにするように上体を倒して30秒キープする

脳科学アプローチ
Neuroscience Approach

外腹斜筋の脳科学アプローチは、体重で上体が床方向に落ちるのを、脇腹を使って落ちないように抵抗します。壁を使わない方法が最も効果的ですが、転倒予防のため、壁に手をついて行ってください。静的ストレッチにもいえますが、自然な呼吸を意識してください。

1 壁に向かって上体を倒す。重力で上体が落ちるのに対し、脇腹を意識して3秒抵抗する

2 脇腹に入っている力を抜き、上体を少し深く倒す。*1*と*2*を3回繰り返す

⑬腸腰筋のストレッチ

腸腰筋は腸骨筋、大腰筋、小腰筋の総称です。腰の裏側から骨盤の前面を通り、脚の骨についている、上半身と下半身（骨盤）を結ぶ筋肉で、太もも前側の筋肉とともに股関節を曲げる時に働く、とても重要な役割を担います。

　腸腰筋が硬くなって働きが悪くなると、脚が上がらなくなります。歩幅が小さくなり、段差につまずきやすくなるなど、生活の質に影響します。柔らかくして使えるように維持することが大切です。

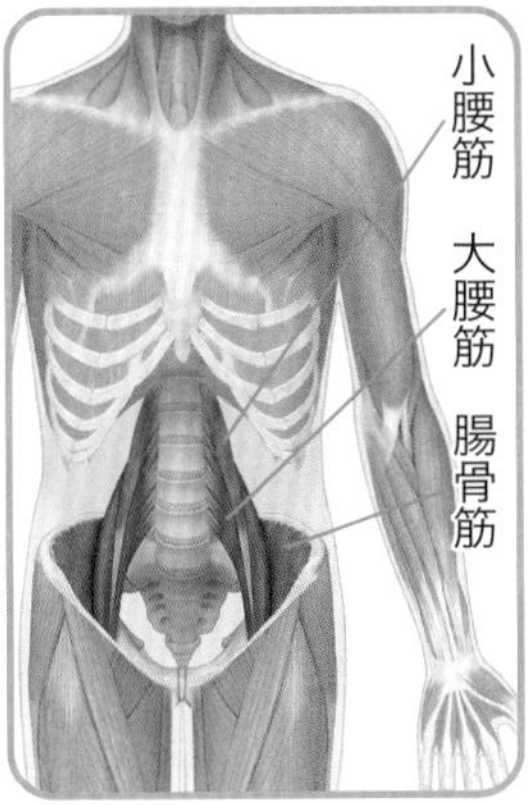

ここがPoint　足の付け根を刺激

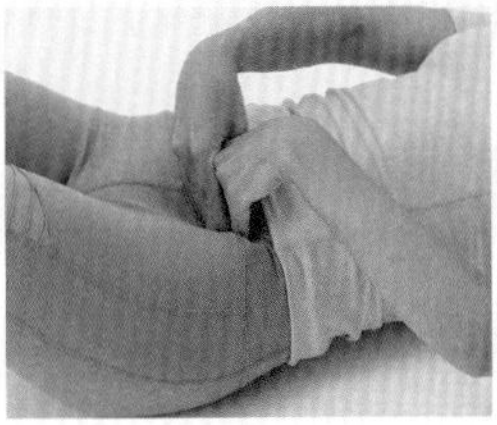

刺激するのは下腹の両サイド、骨盤の腸骨から足の付け根にかけての部分で、くすぐったく感じる場所です。

筋膜アプローチ Myofascial Approach

腸腰筋はお腹の深い場所にありさわれませんが、骨盤付近の一部は直接刺激できます。ローラーでは位置や強さが調整できないため、微妙な調整ができる手やボールを使います。

1 足の付け根に指を差し込んで軽く押す

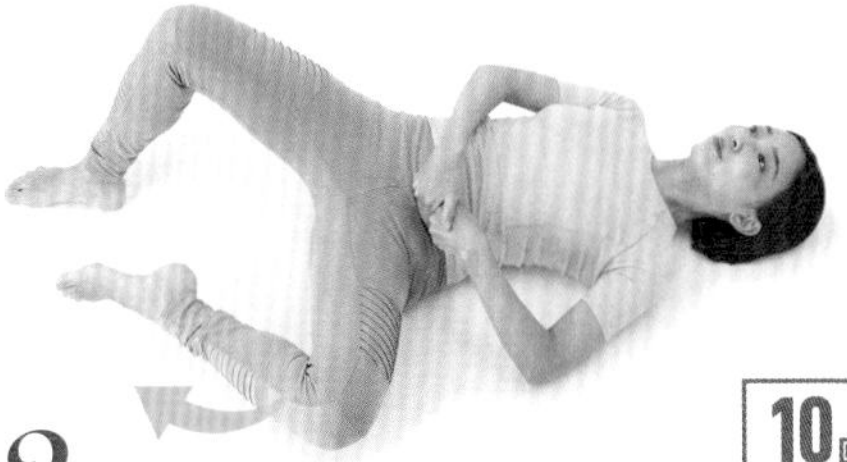

2 脚を時計回りに10回大きく回す

10回繰り返し

10回繰り返し

3 脚を反時計回りに10回大きく回す

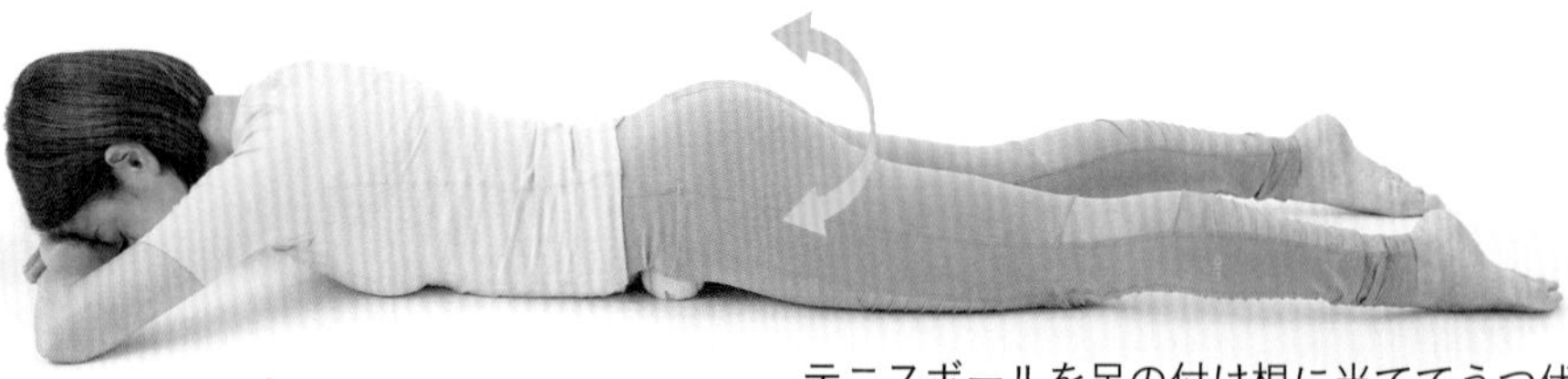

30秒

テニスボールを足の付け根に当ててうつ伏せになる。体を左右に揺らし30秒刺激する

うつ伏せの状態でひざを曲げ伸ばしする。ひざを伸ばす時に刺激が深くなるが、痛みが出たらその位置でストップ

静的ストレッチ
Static Stretching

股関節を前後に開くことで、腸腰筋のストレッチになります。硬くなっている人は痛みを感じる場合もあるため、気持ちいい程度から始めて徐々に柔軟性を高めてください。ひざに負担がかかるポーズなので、マットやタオルを必ず敷いて、ひざを保護しましょう。

脚を前後に開き、前の脚はひざを立てる。腰を落としていき、30秒、後ろの脚の股関節周辺の伸びを意識する

30秒キープ

後ろの脚を壁に当てると深く刺激が入る。そこから体を反対にひねるとさらに刺激が深くなる

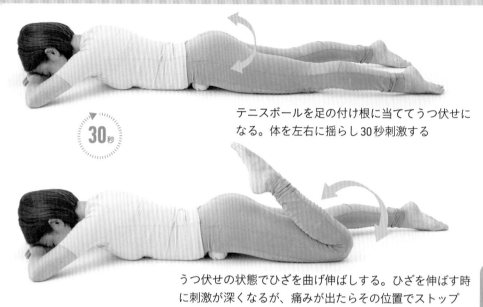

Advenced 余裕のある人は

前の脚で支えていられない場合、両手を床について支えてもOK

余裕がある人は、イスに脚を乗せて両脚を前後に開き、上体を立てると深い刺激が入る

脳科学アプローチ Neuroscience Approach

足の甲で床や壁を押すことが抵抗になり、腸腰筋にアプローチできます。少し難しい動作ですが、股関節周辺の筋肉に対してとても効果的です。

3秒 抵抗

1 脚を前後に開き、後ろ足の甲で床を3秒押し続ける

3秒 脱力

3回 繰り返し

2 押しつける力を抜き、腰を落とす。1と2を3回繰り返す

3秒 抵抗

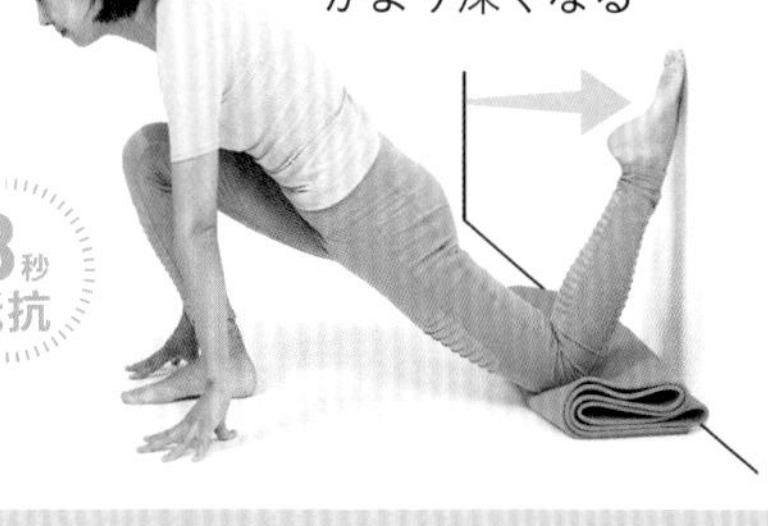

1 後ろ足の甲を壁に3秒押しつけると刺激がより深くなる

3秒 脱力

3回 繰り返し

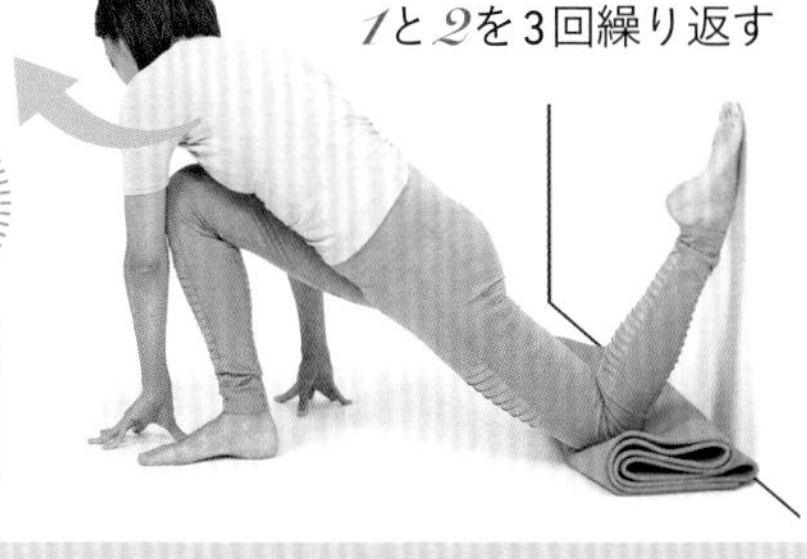

2 力を抜き、上体をひねって腰を落とす。1と2を3回繰り返す

⑭腹直筋のストレッチ

腹直筋《ふくちょくきん》はお腹の前面にある筋肉で、いわゆる「腹筋」と呼ばれている部位です。体幹を前屈したり、横に倒す、ひねる時に働き、また、骨盤の角度をコントロールする役割もあります。

　腹直筋が弱いと骨盤が前傾して反り腰になりやすく、反対に強いと骨盤が後傾して腰がまっすぐになってしまいます。腸腰筋や腰の筋肉とともに、腹直筋を強くしなやかにして、前後の筋肉の均等なバランスを心掛けましょう。

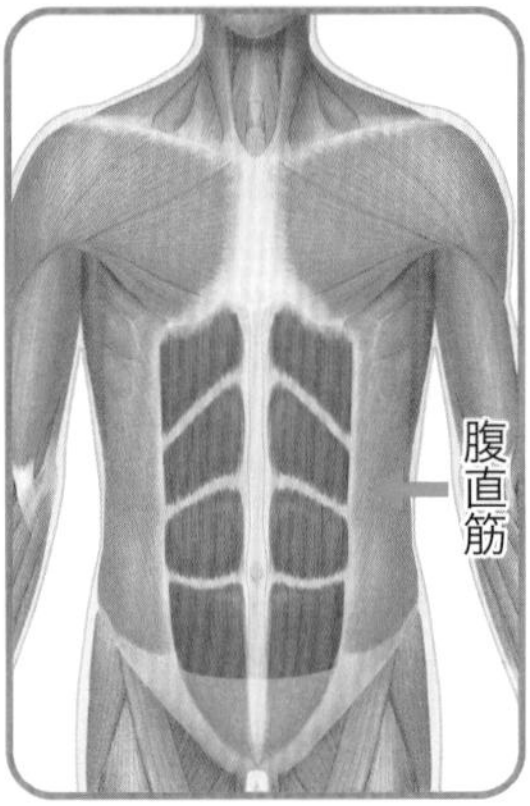

ここがPoint 横から指を食い込ませるように

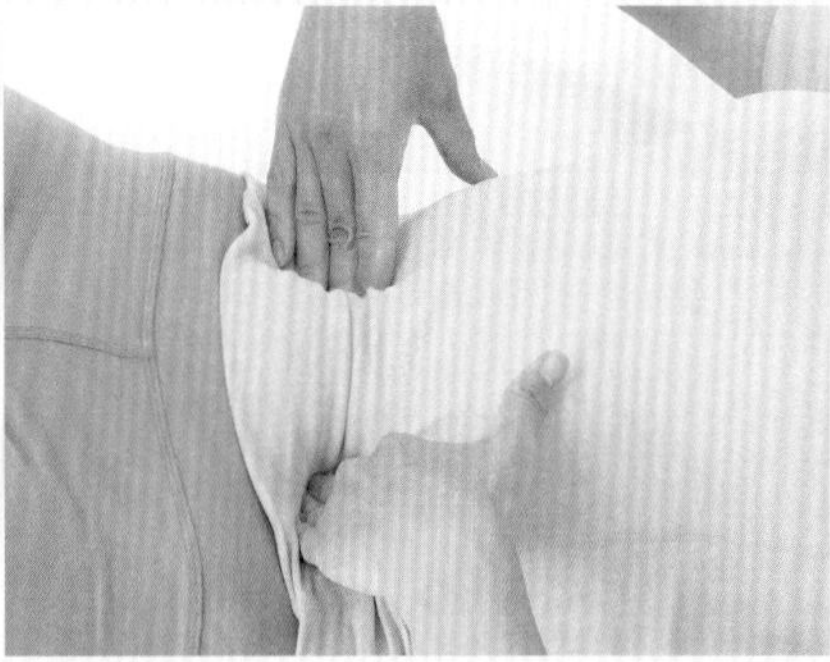

腹筋を探り、コリコリした筋肉を感じたら、横から指を差し込むようにします。おへその近くはとても敏感なので、外側から刺激するのがポイントです。

筋膜アプローチ Myofascial Approach

腹直筋の奥には内臓があり、内臓に大きな負担をかけないために、腸腰筋同様、手で筋膜にアプローチします。筋肉を探りながらお腹の横から指先を差し込みましょう。自然な呼吸のままリラックスして、腹筋に力を入れないでください。

60秒

ひざを立てて仰向けになる。腹筋を探りながら横から指を差し込むようにして、1分かけてまんべんなく行う

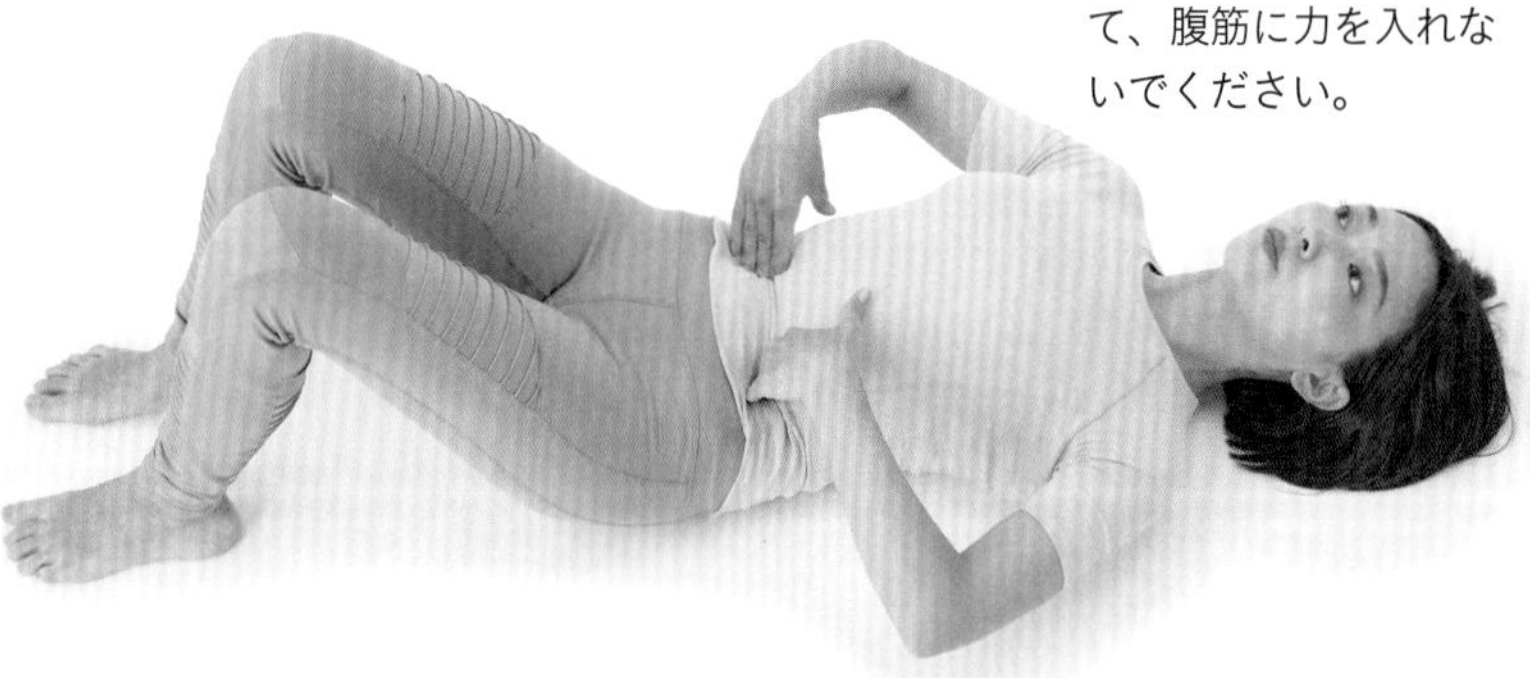

静的ストレッチ
Static Stretching

うつ伏せから上体を起こします。ひじを伸ばす時、腰に不安がある人は手を置く場所を前後に移動して、腰の反り具合を調節してください。アゴを上げ両脚を閉じると、より腰が伸びます。

ひじを伸ばして上体を支え、恥骨部分を床に押しつけるようにして30秒キープする

30秒キープ

脳科学アプローチ
Neuroscience Approach

腹直筋の脳科学アプローチは、うつ伏せの姿勢から腕で上体を持ち上げ、体重をお腹で支えることが抵抗になります。背中が丸まると腰に力が入るので、背すじを伸ばすことがポイントです。

3秒抵抗

1 うつ伏せの姿勢から上体を起こし、腹直筋を意識して自分の重さを3秒間支える

背中が丸まらないように

2 お腹の力を抜き、腰を落とす。*1*と*2*を3回繰り返す

3秒脱力

3回繰り返し

⑮ 上腕二頭筋 上腕三頭筋のストレッチ

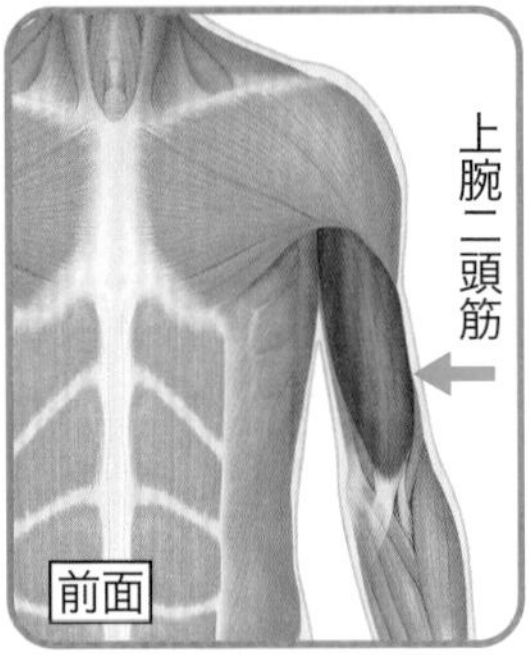

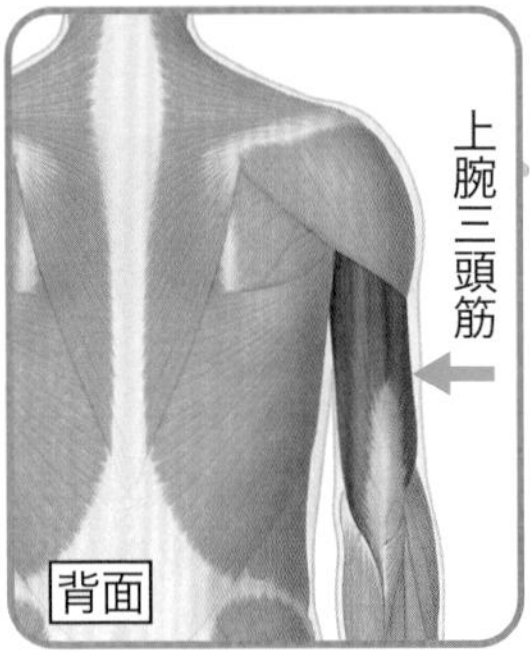

力こぶができる表側にあるのが上腕二頭筋《じょうわんにとうきん》、裏側にあるのが上腕三頭筋《じょうわんさんとうきん》です。上腕二頭筋はひじを曲げる働き、上腕三頭筋はひじを伸ばす働きがあります。また、上腕二頭筋はローテーターカフの棘上筋・棘下筋などとともに肩関節を安定させています。

上腕二頭筋は普段から多く使われる筋肉なので、硬くなりがちです。肩こりや拮抗筋の上腕三頭筋の柔軟性にも影響するので、しっかりストレッチすることが大切です。

筋膜アプローチ
Myofascial Approach

フォームローラーで上腕の表裏にある筋肉にアプローチします。ローラーに上腕を乗せるだけでも刺激が入ります。手のひらを表、裏とヒラヒラさせたり、ひじを曲げてひじから先を前後に倒すと、より深いアプローチになります。

30秒キープ

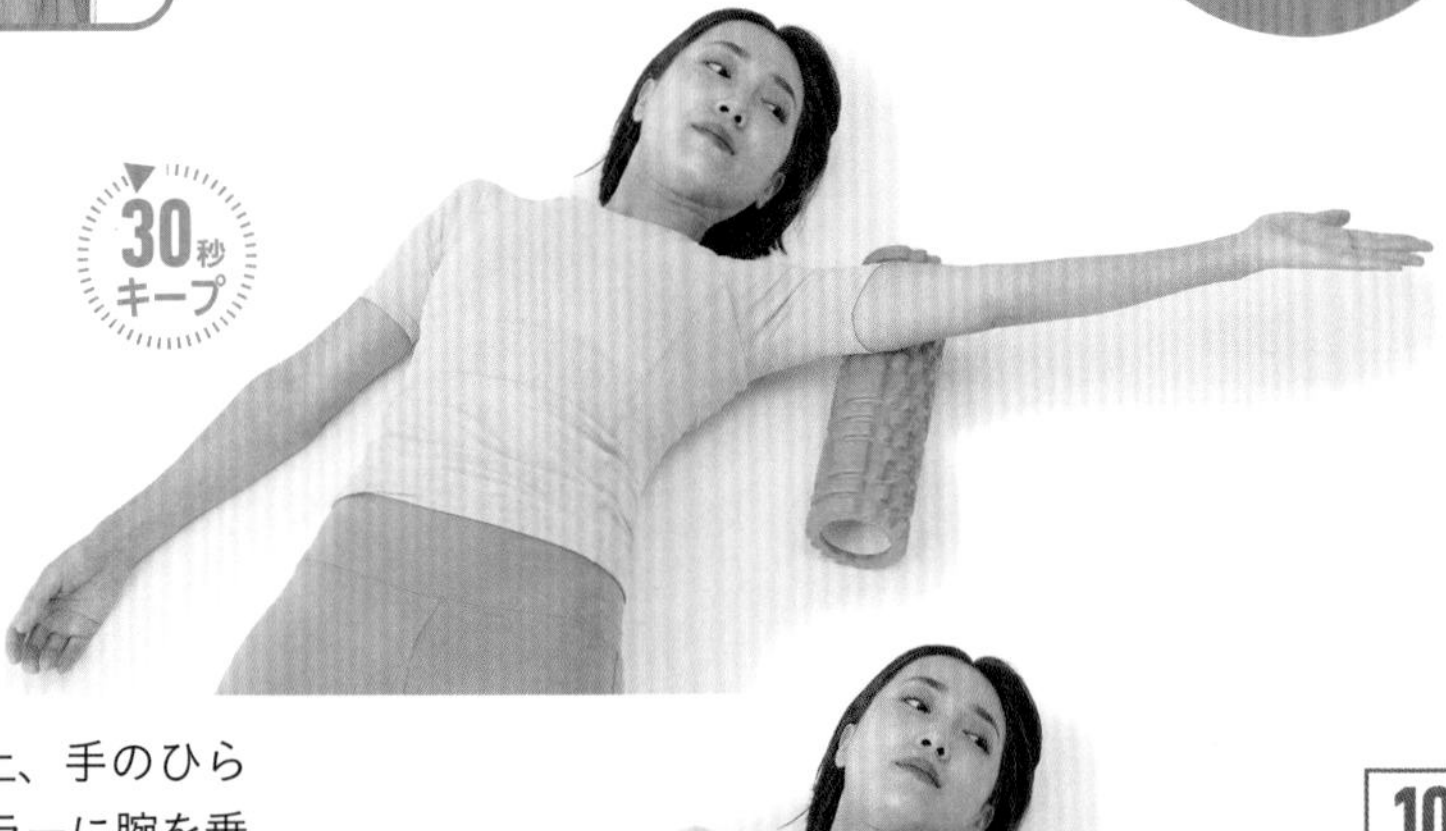

1 手のひらを上、手のひらを下にしてローラーに腕を乗せる。それぞれ30秒行う

10回繰り返し

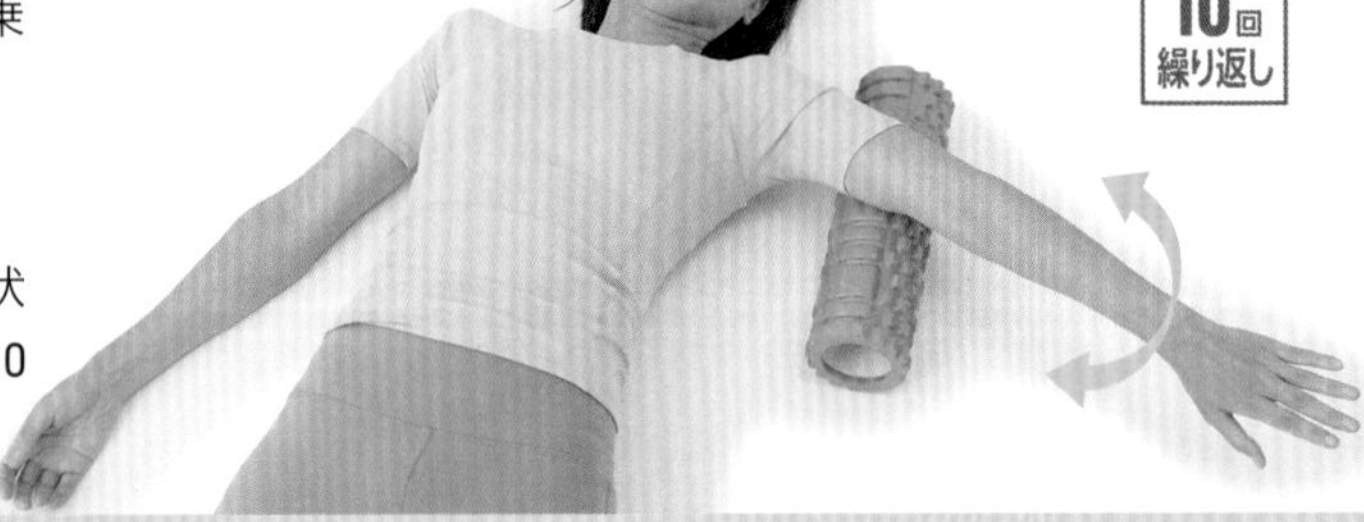

2 ローラーに腕を乗せた状態で、手のひらを表と裏に10回反転させる

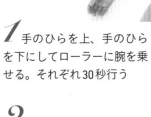

10回往復

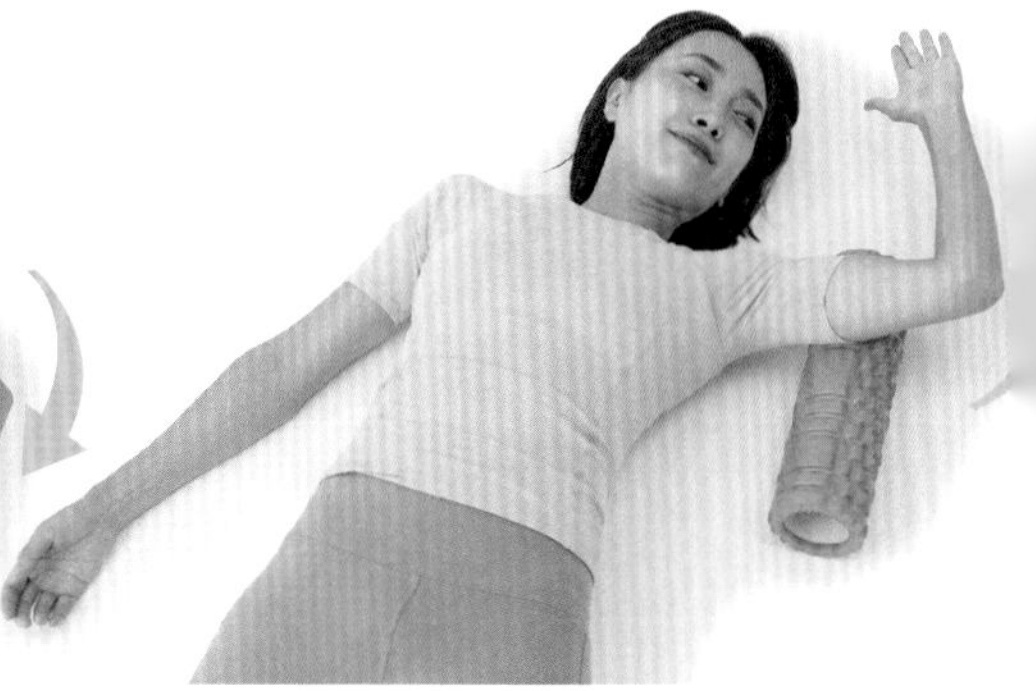

1 ローラーに腕を乗せ、ひじを曲げて手のひらを上に向ける

2 ひじを回して手のひらを下に向ける。*1*と*2*を10往復行う

静的ストレッチ
Static Stretching

上腕の筋肉への脳科学アプローチは行わなくてかまいません。筋膜アプローチで緩めたあとに静的ストレッチで伸ばすことで、十分に柔らかくできます。壁を使って上腕二頭筋を伸ばし、柔軟性を高めることで、拮抗筋の上腕三頭筋への負担も小さくなり、柔らかくなってきます。

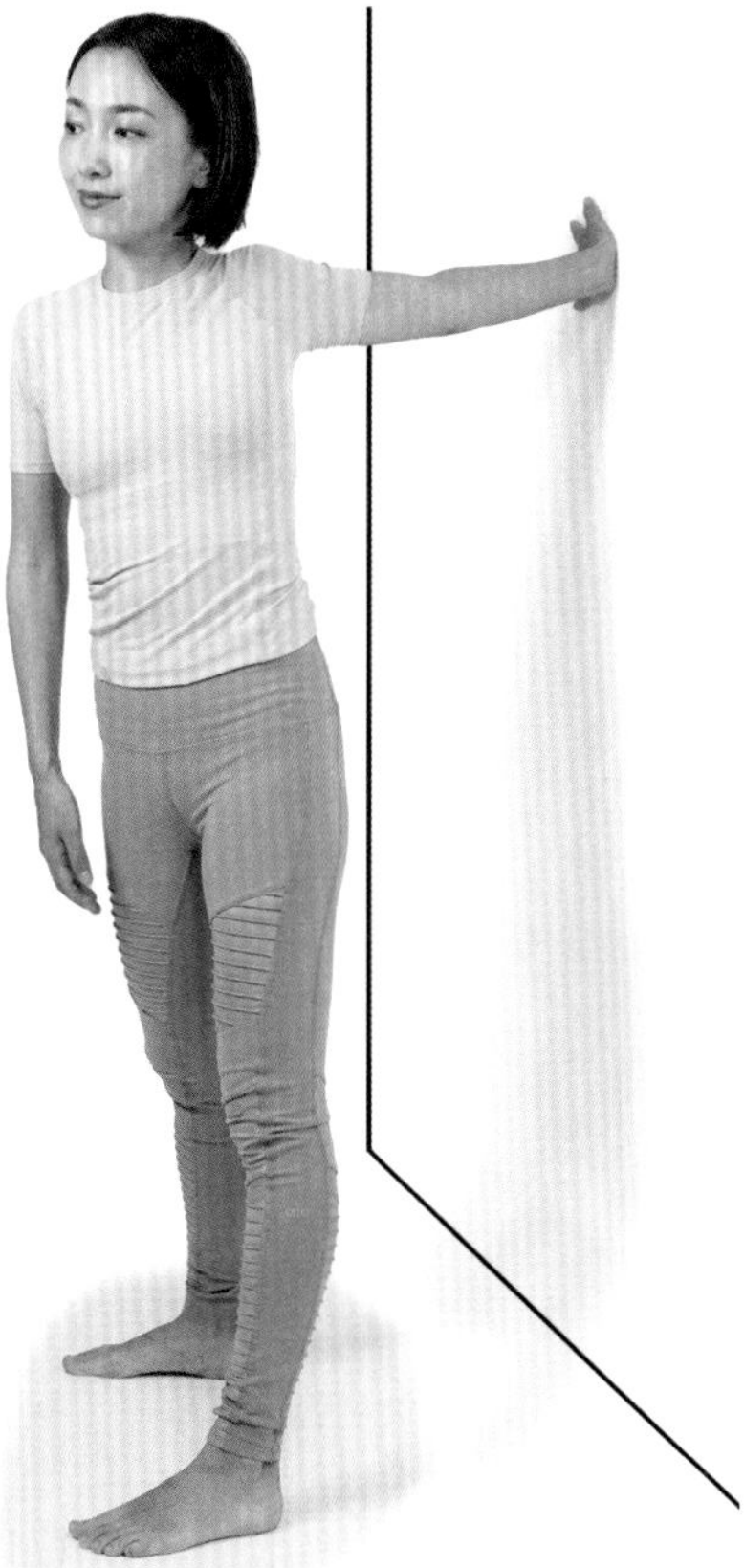

大胸筋のストレッチにもなります

壁に背を向けて立ち、親指を下に向けて手のひらを壁につく。手の位置を高くすると、さらに伸びる

⑯ 前腕伸筋群 屈筋群のストレッチ

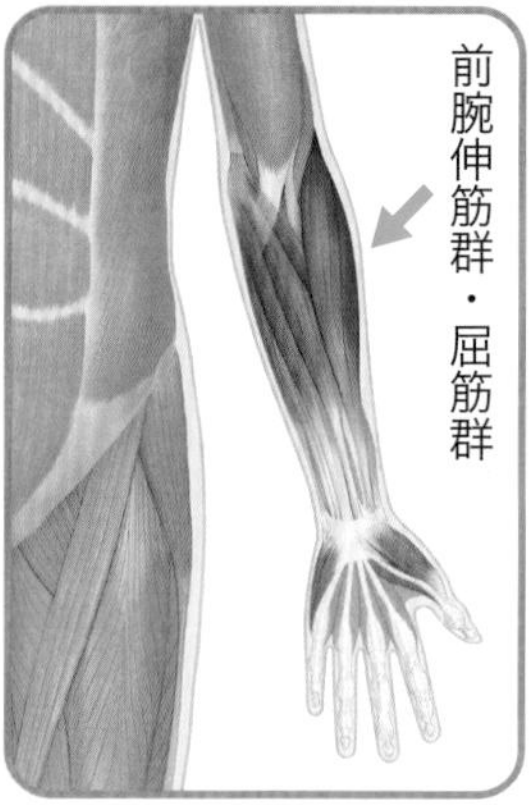

ひじから先を前腕といいます。前腕には多くの筋肉があり、手首や指の曲げ伸ばしに関わっています。伸筋群の筋肉は手の甲側に付いていて、手首や指を伸ばす働きがあります。反対に屈筋群は手のひら側に付いていて、手首や指を曲げる働きがあります。

どちらの筋肉群も日常的に使われていますが、最近はパソコンやスマホの操作でこれまで以上に酷使され、硬くなりがちです。普段からストレッチを心掛けましょう。

筋膜アプローチ Myofascial Approach

前腕の筋肉群への筋膜アプローチは、自分の反対の手を使って行います。筋肉に上から圧をかけたり、筋肉をねじったりすることで、酷使されて硬くなった筋肉を緩め、ゆがんだ筋膜を正常に戻します。仕事や日常生活の隙間時間にできる簡単な方法なので、思い立ったらトライしてみましょう。

1 アプローチする方の腕を床に置き、反対の腕で上から圧をかけながら滑らせる

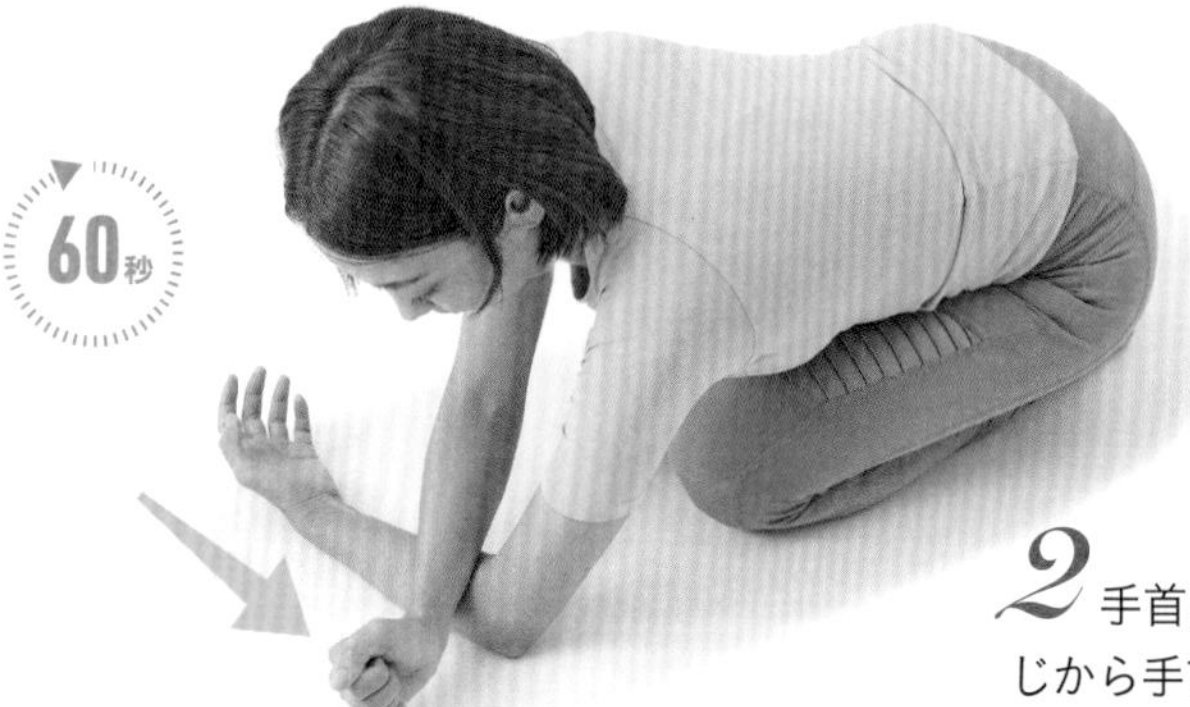

2 手首からひじ方向へ、ひじから手首方向へ、まんべんなく1分ほどかけて行う

1 手のひらを上に向け、反対の手で前腕をつかむ。ぞうきんを絞るようにねじる

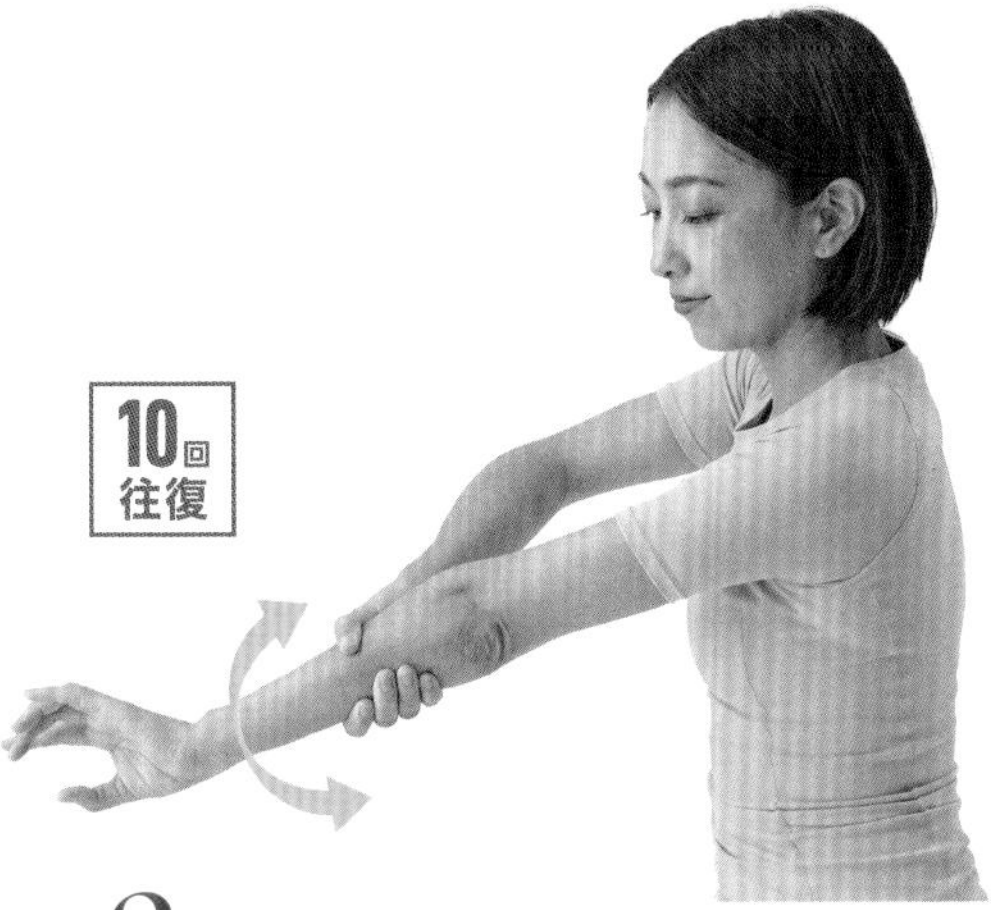

2 往復10回、逆回転にもねじる。ねじりながら手をブラブラと振るとより効果的

静的ストレッチ
Static Stretching

筋膜アプローチで緩めたあと、静的ストレッチで伸ばすことで十分に柔らかくできるので、脳科学アプローチは行わなくてかまいません。手のひらや手の甲を合わせることで、屈筋群、伸筋群のストレッチになります。

1 手のひらを胸の前で合わせて下げていき、伸びを感じながら30秒キープする

2 手の甲を胸の前で合わせて押しつけ合い、伸びを感じながら30秒キープする

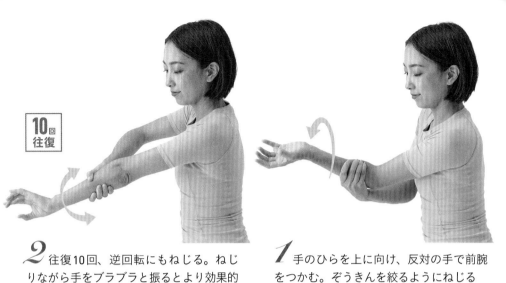

コラム❷
後ろに体を反らせるには

腸腰筋のストレッチにもチャレンジしてみよう!

大きく手を上げる時や後ろに体をグイッと反らせる時に、「腰が硬い」「痛くて反れない!」という人もいますが、実は腰以外の部分に原因があるかもしれません。

後ろに体を反らせる時に伸びるのは、体の「前面」です。首の前側、胸、お腹、足の付け根(腸腰筋)、腿の前側(大腿四頭筋)などが前面です。したがって、どんなに腰周りが柔らかかったとしても、体の前面が硬いと体を反らすことはできません。

特に太もも前側(大腿四頭筋=94ページ)が硬いと反り腰気味、ぽっこりお腹になります。仰向けに寝てひざを伸ばそうとすると、背中や腰が緊張してしまう場合も同じと考えられます。

また、足の付け根部分にある腸腰筋(75ページ)もポイントです。腸腰筋は主に腸骨筋と大腰筋の2つの筋肉がセットになった名称で、上半身と下半身をつないでいます。体の前面だけをイメージするかもしれませんが、大腰筋は「腰」という文字があるように、体の前面から腸の裏側を経由して腰の方にもつながっている筋肉です。

ですから、腰を楽にしたいという人は、ぜひ「腰以外」の体の前面部分(大腿四頭筋や腸腰筋)もストレッチしてみてください。症状が改善される可能性があります。

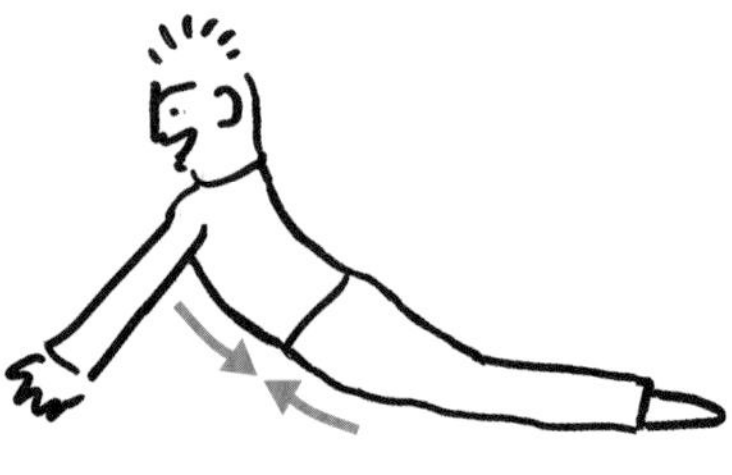

体の前側が硬いAさん

体の前側が柔らかいBさん

Session 3

体のお悩みを解消するストレッチ

【下半身編】

股関節の硬さにお悩みの方は必見。
腰の重さもラクになります。
下半身の硬さは上半身にも影響するのです

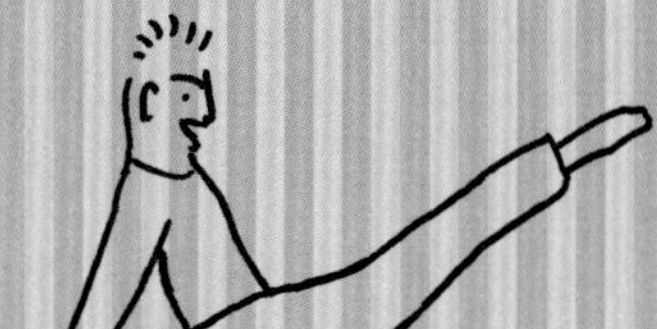

⑰大臀筋のストレッチ

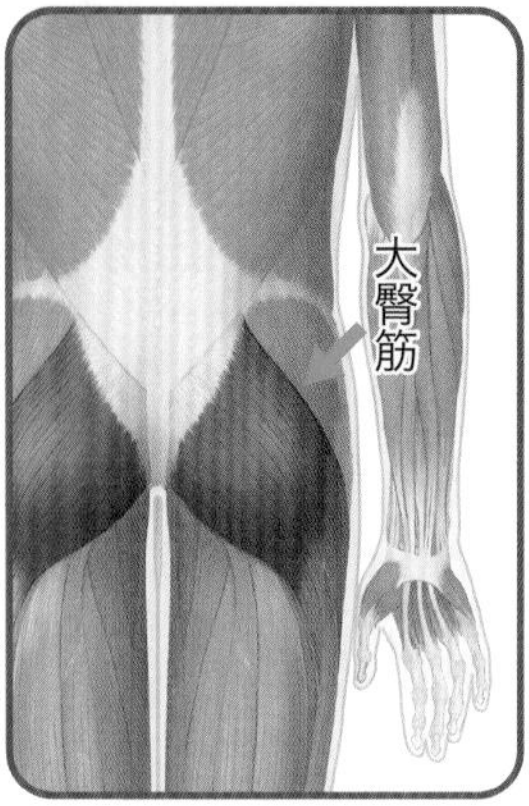

大臀筋《だいでんきん》はお尻の膨らみを作っている筋肉で、一つの筋肉としては私たちの体の中で最大です。太ももの裏側にあるハムストリングスとともに股関節を伸展して、脚を後ろに引く時に働きます。また、脚を外に振り出す、ひざを外に向ける時にも働きます。

大臀筋が硬くなると股関節の動きが悪くなり、スムーズに歩けなくなる可能性があります。また、腰痛の原因になることもあるので、柔軟性を保つことが求められます。

ここがPoint **片側ずつ広い範囲を刺激します**

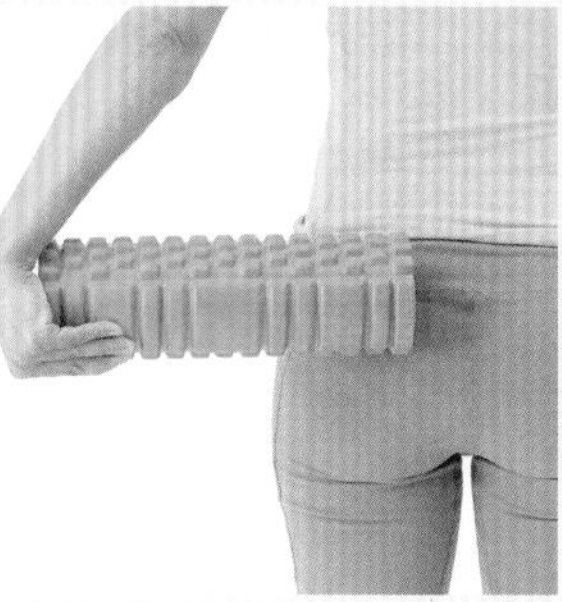

お尻の片側ずつ行うと効果的です。また、ローラーの端を使うと刺激がよく入ります。座骨から腰の方まで広く刺激してください。

筋膜アプローチ
Myofascial Approach

フォームローラーを使ってアプローチします。お尻の下のゴリゴリ（座骨）から腰の近くまで、ダイナミックに動いてまんべんなく刺激します。タオルの結び目やテニスボールをお尻の下に置いてもいいでしょう。

1 お尻にローラーの端を当て、手を後ろについて体を支える

2 大きく前後に動き、往復10回ローラーを転がす

10回往復

Advenced 余裕のある人は

痛みを感じず余裕がある人は、乗せているお尻とは反対側の脚を上げてストレッチすると、さらに深い刺激が入る

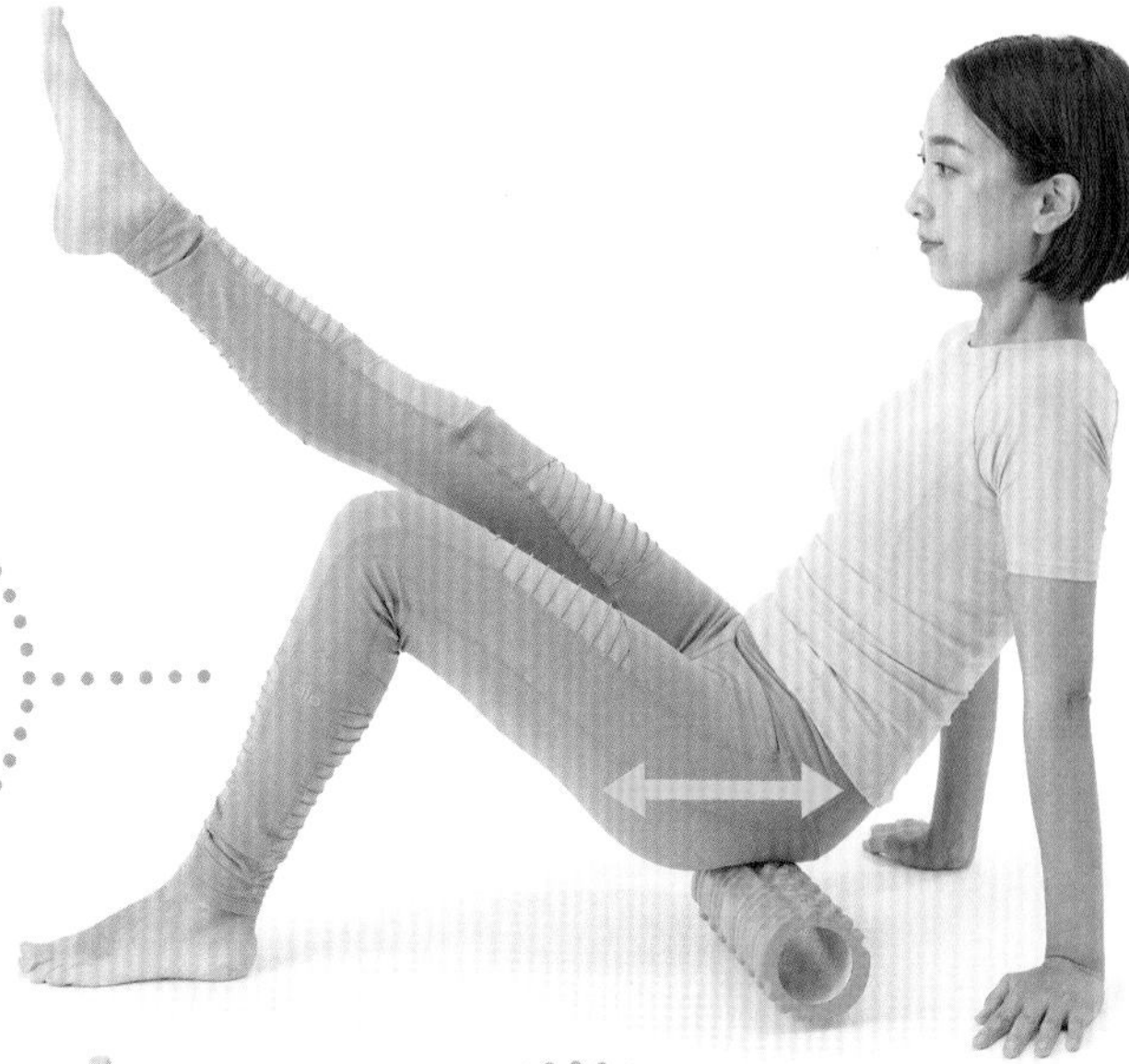

股関節が硬いのは股関節周辺の**筋肉**が硬くなっているからです

手で支えて**バランスを上手く**取ります

お尻の筋肉が柔らかくなってきた人は、バランスを取りながら両脚を上げてストレッチするとさらに効果的

- 筋膜アプローチ・静的ストレッチ時の動く方向
- 脳科学アプローチ時の抵抗する方向
- 脳科学アプローチ時の倒す方向
- 脳科学アプローチ時に意識する部分

静的ストレッチ
Static Stretching

仰向けの姿勢で、伸ばしたい方のひざの裏を抱えて、脚を胸方向に30秒引き寄せる

30秒キープ

大臀筋を意識しながら、仰向けになります。つま先を少し外に向けるようにして股関節を外旋させると、より効果的です。お尻や背中が痛い場合は、布団やラグの上などクッション性のあるところで。

Advenced
余裕のある人は

上げた方の足を反対側の手で持つと、ストレッチがより深くなる

背すじを意識して
上半身を前に倒していきます

仰向けで行う方法がつらい人は、イスに浅く腰かけて行ってもOK。伸ばす方の脚を前に出してつま先を上げ、背中を丸めないよう注意しながら上体を前に倒す

脳科学アプローチ
Neuroscience Approach

大臀筋の脳科学アプローチは、腕で引き寄せる力に対し、お尻で押し返すことで抵抗して行います。脚で押し返すのではなく、お尻を意識することが重要です。お尻の力はとても大きいので、脚を抱きかかえる腕の力も必要になります。

1 仰向けの姿勢で片方の太ももを胸に引き寄せる。引き寄せる力に対し、お尻で押し返すように3秒間抵抗する。ひざを伸ばしながら行うと、もも裏にも効く

3秒 抵抗

胸とひざが
離れないよう
引き寄せます

2 お尻の力を抜いて脱力する。同時に脚をより胸に近づける。*1*と*2*を左右3回繰り返す

3秒 脱力

3回 繰り返し

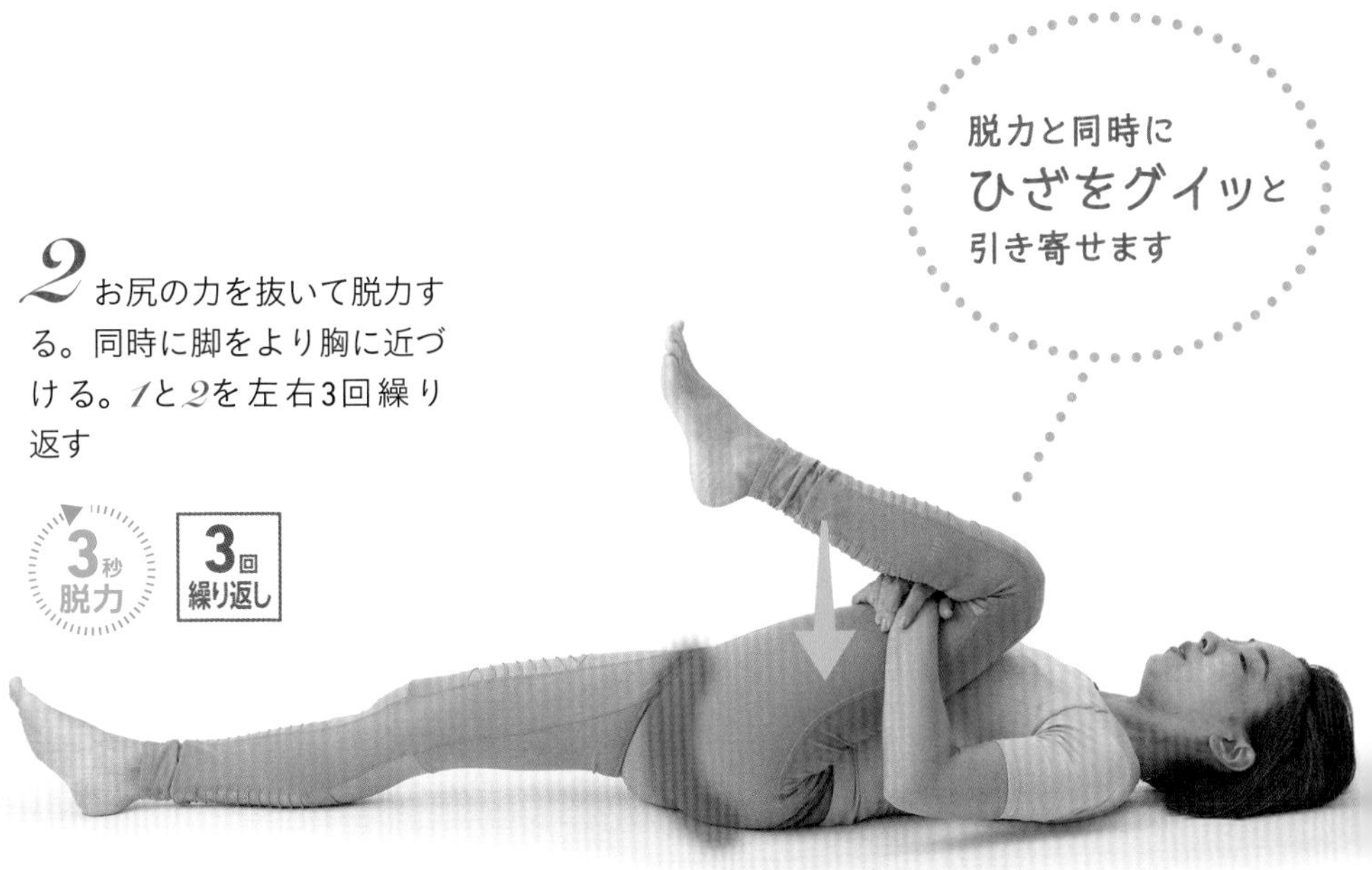
脱力と同時に
ひざをグイッと
引き寄せます

⑱中臀筋のストレッチ

中臀筋《ちゅうでんきん》はお尻の横側にある筋肉で、一部は大臀筋に覆われています。脚を外側に振り出す時に主に働く筋肉で、大臀筋もこの動きに関わっています。立っている時に骨盤を支え、歩行時に片脚に体重がかかった際、骨盤が傾かないようにしています。

中臀筋が硬くなると脚が横に開きにくくなり、あぐらをかいた時にひざが立ってしまいます。また、骨盤も安定せず、歩行時に転倒しやすくなります。

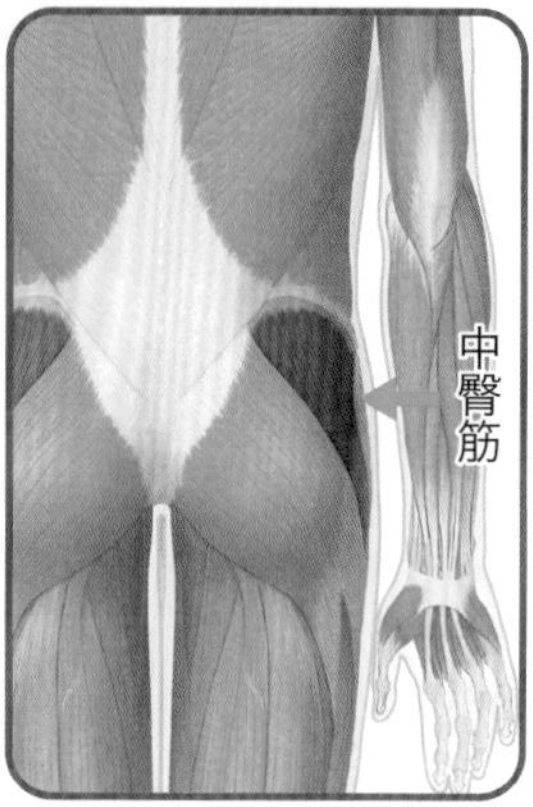

1 お尻の横にローラーを当て、クロスした脚と腕で体を支える

筋膜アプローチ
Myofascial Approach

フォームローラーをお尻の横に当てて、筋膜にアプローチします。おへそをやや上に向け、腕と前に出した脚でバランスを取りましょう。腰骨に当たると痛いので、位置を調整してください。ひざ痛が楽になることも期待できます。テニスボールを使ってもいいでしょう。

2 腰骨を避けてローラーを転がし、30秒まんべんなくストレッチする

30秒

1 イスに浅く腰かけ、伸ばす方の脚を反対の脚に乗せる。ひざを押さないよう注意して上体を倒し、お尻の伸びを感じたら30秒キープする

30秒キープ

静的ストレッチ
Static Stretching

イスを使い、脚を組んで行います。足首は固定してもかまいませんが、ストレッチする方のひざは手を添える程度にし、上から押さないことがポイントです。力を加えるとひざに負担がかかります。デスクワークの合間など、時間を見つけて積極的に実践してください。

2 1の姿勢から、手を前にだらんと下げると、中臀筋に加えて背部も伸ばせる

壁を使うとより効果的

壁に寄りかかって行うと、背中が丸まらないのでダイレクトに臀部に刺激が入る。前に出している脚のかかとを段階的にお尻に近づけると、より深い刺激が得られる

1 上体を前に倒す。お尻から太もも外側の筋肉を意識しながら、上に乗せた脚のくるぶしで下ろしている脚のひざを押し返す。3秒抵抗する

3秒
抵抗

脳科学アプローチ
Neuroscience Approach

中臀筋の脳科学アプローチはイスに腰かけて行い、自分の上半身の重さに対して中臀筋を使って抵抗します。上体を倒すのがつらい人は、下ろしている脚を手でつかんで体を支えてもかまいません。

2 お尻の力を緩めて脱力する。1と2を3回繰り返す

3秒
脱力

3回
繰り返し

お尻を脱力しても
体は前に倒し
続けます

Advenced
余裕のある人は

壁を使う方法でも
深い刺激が
得られます

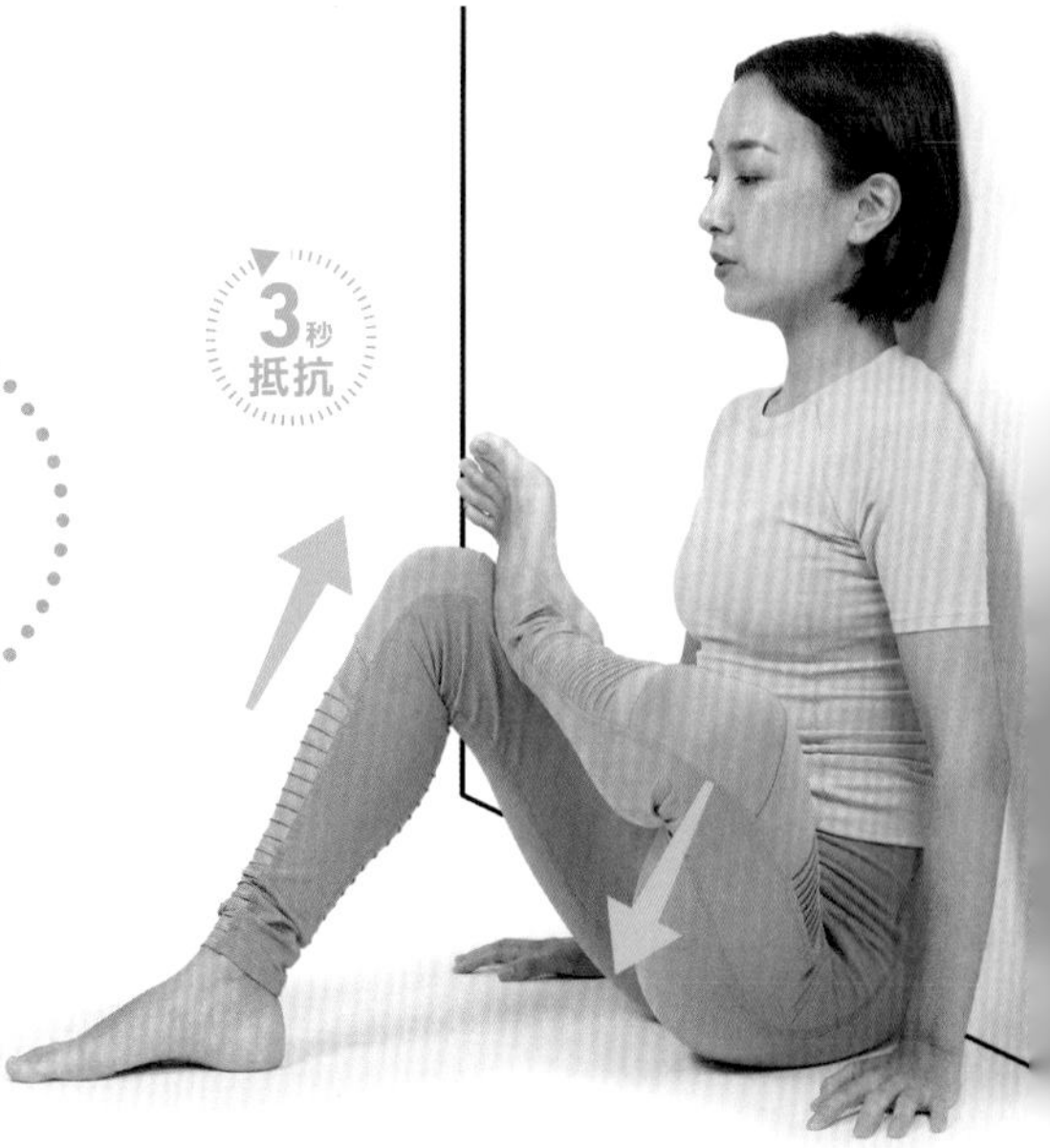

1 ひざを立てている脚を床に固定する。クロスした脚側の股関節を開く意識で、足首でひざを押して3秒抵抗する

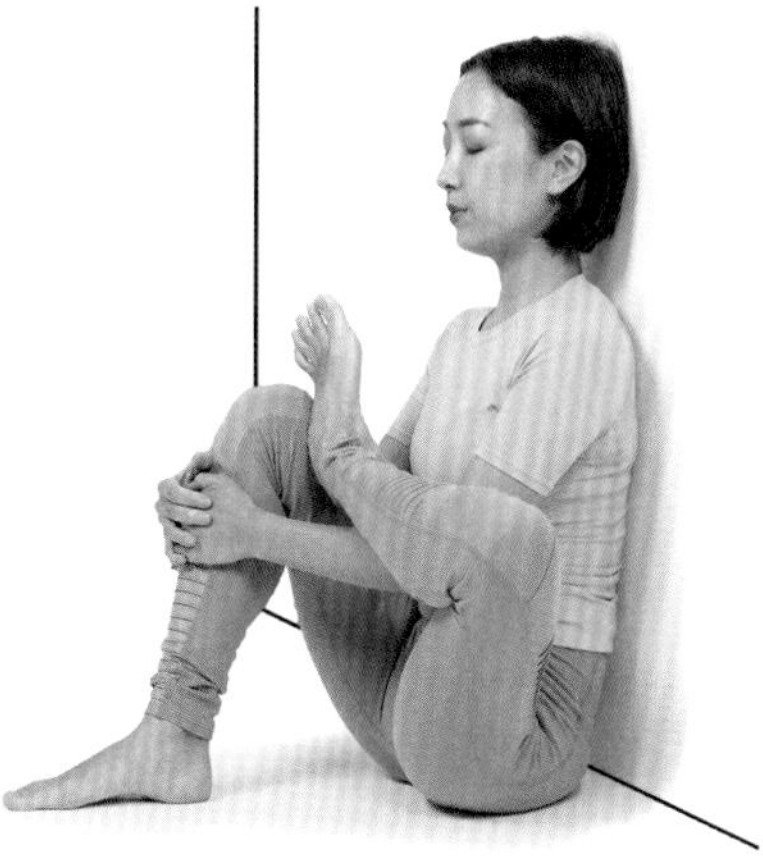

滑って足が固定できない場合は、腕で抱えて固定するといい

2 脱力と同時に、ひざを立てている脚のかかとをお尻に近づける。*1*と*2*を3回繰り返す

⑲大腿四頭筋のストレッチ

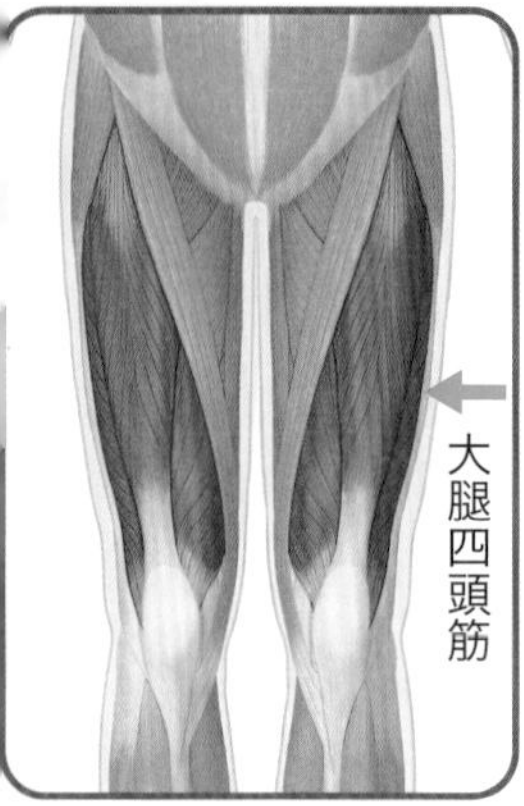

大腿《だいたい》四《し》頭筋《とうきん》は、太ももの前側にある大腿直筋、内側広筋、外側広筋、中間広筋の総称で、人間の体の中で最も大きな筋肉です。股関節を曲げて脚を持ち上げたり、ひざを伸ばしたりする時に働くので、歩く、走るなど、日常生活のさまざまなシーンで使われています。

大腿四頭筋が硬くなると脚が上がらなくなり、段差でつまずきやすくなります。また、ひざがスムーズに曲がらなくなったり、歩幅や歩く速度が低下したりします。

筋膜アプローチ Myofascial Approach

太ももの前面をフォームローラーに当て、脚を大きく内外に転がします。ひざ頭を内側、外側に向けるのがコツ。大腿四頭筋が硬くなっている人は強い刺激を感じるでしょう。ローラーが痛い人は巻いたタオルで代用しましょう。

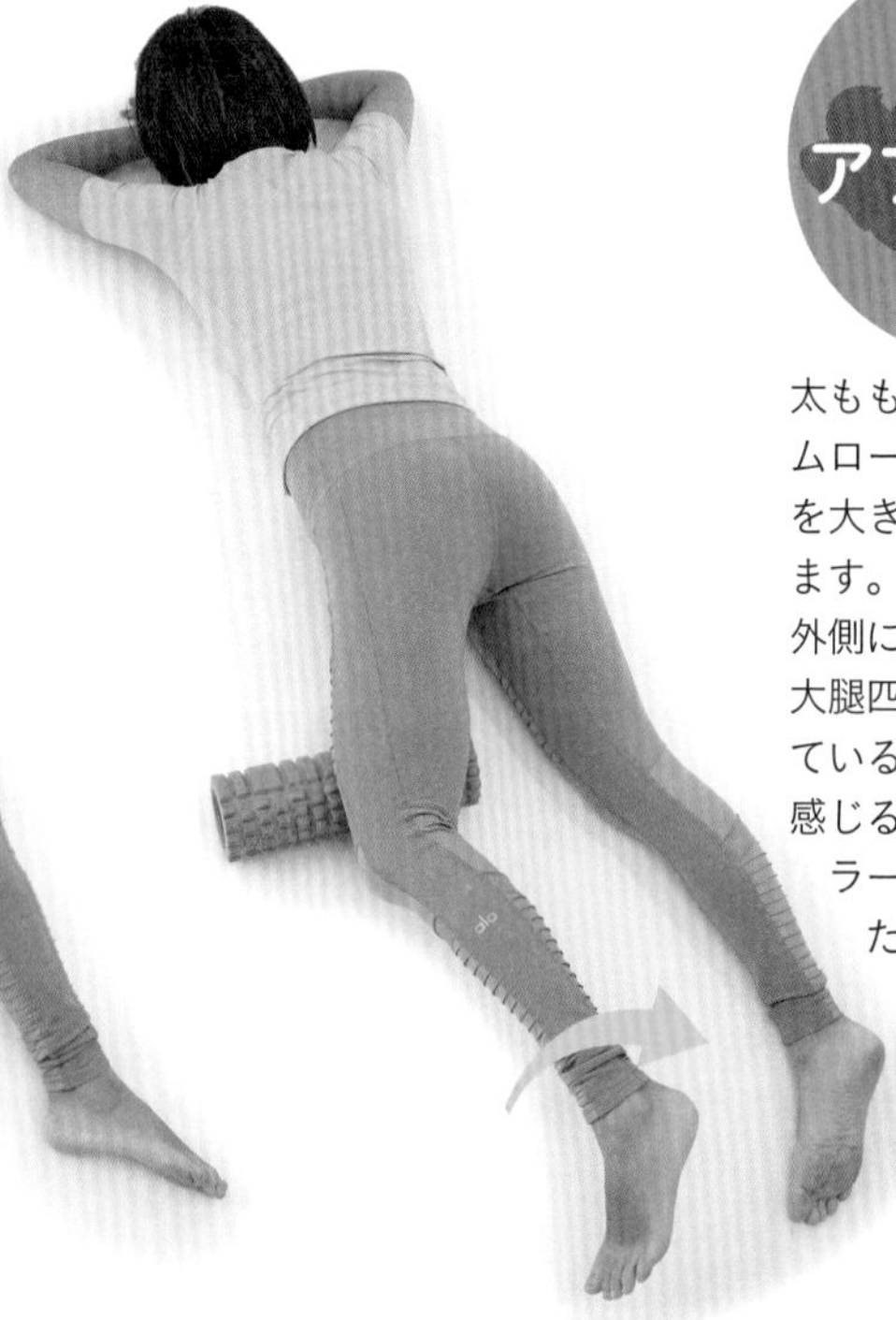

10回 往復

1 ローラーに太ももを当て、内股、ガニ股と脚を内外に往復10回転がす

2 ひざのすぐ上から脚の付け根まで、ローラーを移動してまんべんなく行う

ひざ上から
足の付け根まで
まんべんなく

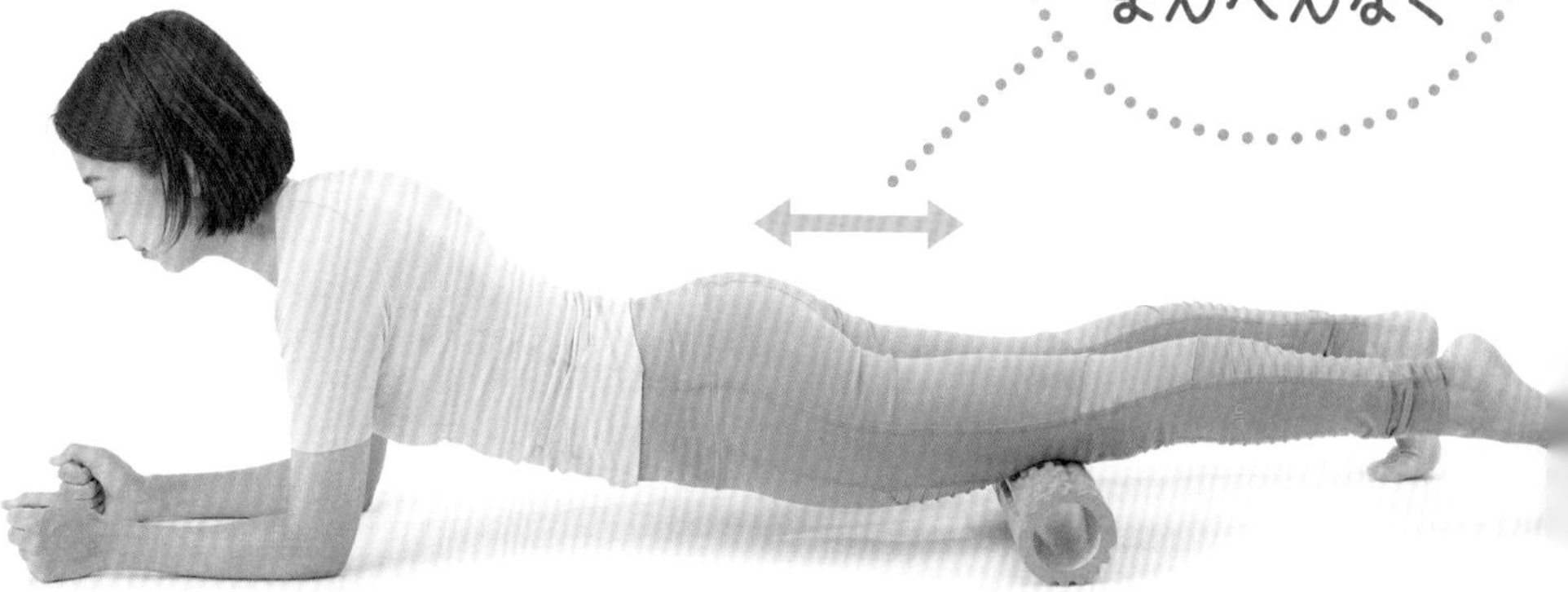

ローラーに乗せた脚を床から浮かせ、前後に動くと、深い刺激が得られる

Advenced
余裕のある人は

腹筋、背筋を
上手く使いながら
前後に動きます

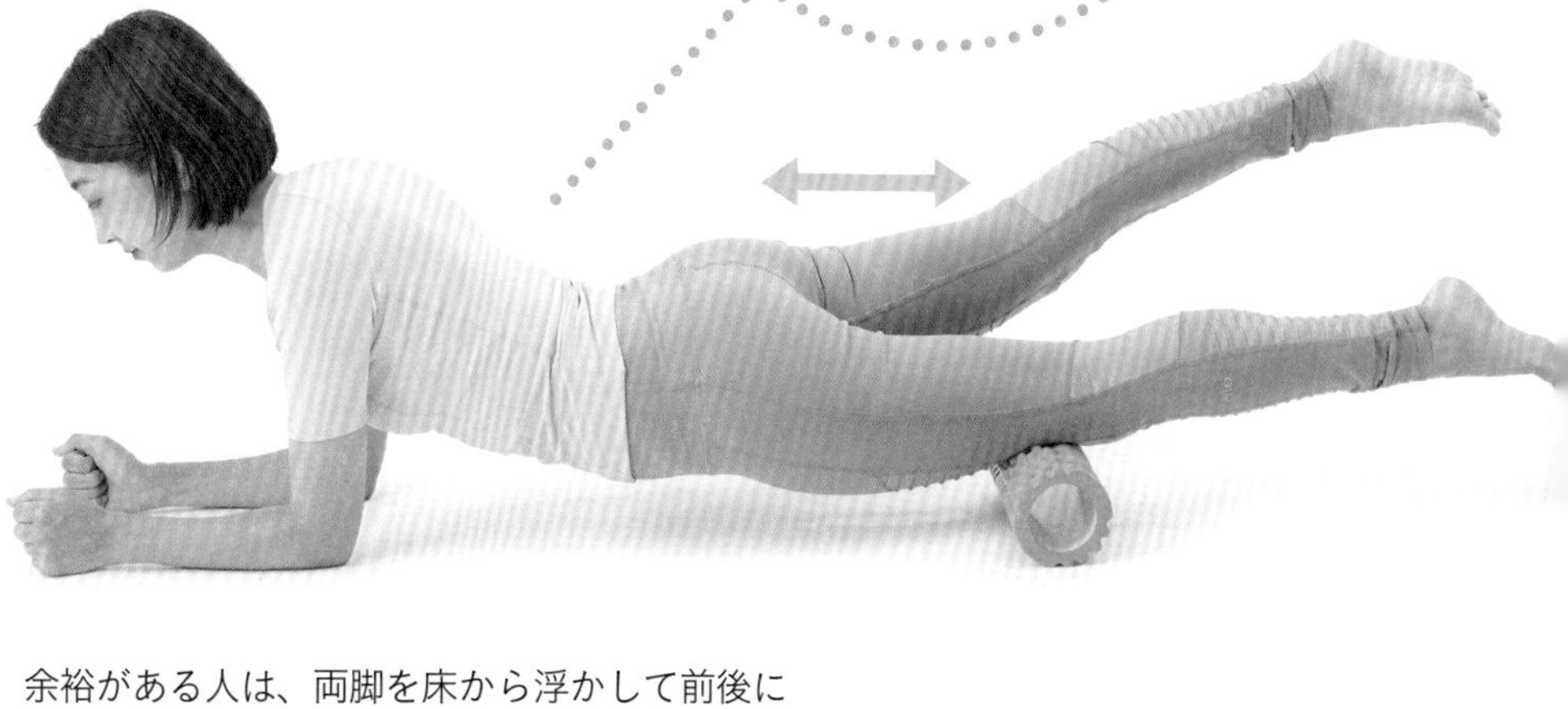

余裕がある人は、両脚を床から浮かして前後に動くと、さらに深く刺激が入る

静的ストレッチ Static Stretching

うつ伏せになり、伸ばしたい方の足を持って引き寄せるように引っ張ってストレッチします。手が届かない場合は、タオルを足にかけて引っ張ってもかまいません。また、ローラーを太ももの下に置いて高さを出し、ひざを持ち上げるとより効果的です。

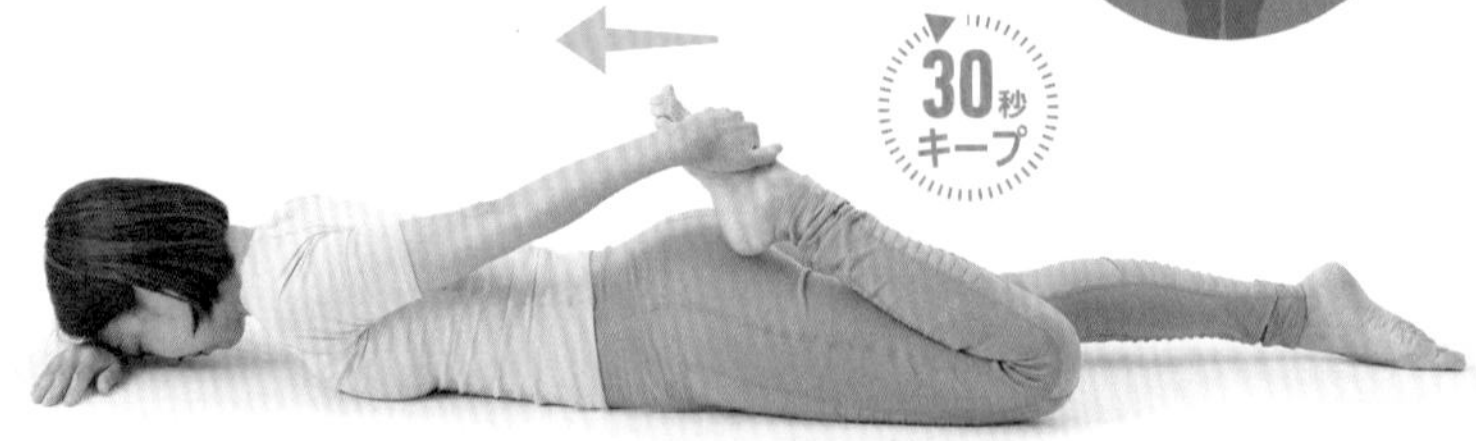

うつ伏せになり、伸ばす方の足を同じ側の手で引き寄せるように引っ張り、30秒キープ

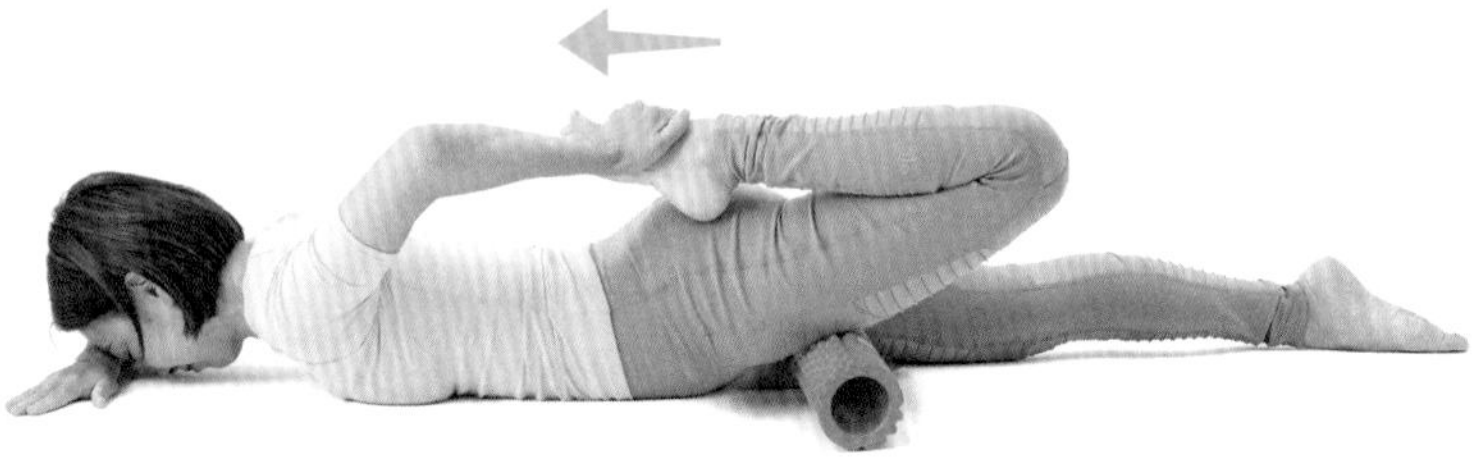

ひざを持ち上げて行うと効果的。ローラーを太ももの下に置いて高さを出すとより深く刺激が入る

Advenced 余裕のある人は

1 ひざの下にクッションを敷き、伸ばす方の脚を後ろに引いて、立てひざの姿勢をとる

2 ひざに手を当てて上体を支えながら、重心を前の脚にかける。同時に伸ばす方の太ももを床に近づける

壁を蹴るのではなく
押し続けます

脳科学アプローチ
Neuroscience Approach

壁を使って行います。後ろになった足の甲を壁に押しつけて抵抗してください。ポイントは上体が前のめりにならないよう、ひざに手を当てて背すじを伸ばすことです。脱力した時に体が床方向に落ち、太ももが伸ばされます。

1 ひざに当てた手で体を支え、後ろになった足の甲で3秒間、壁をグーッと押し続ける

3秒 抵抗

3秒 脱力

3回 繰り返し

2 壁を押す力を抜いて脱力する。体が下に落ちて太ももが伸ばされる。*1*と*2*を3回繰り返す

上体を立てているのがつらい人は、床に手をついてもOK。この場合も背中を丸めないよう注意する

⑳内転筋群のストレッチ

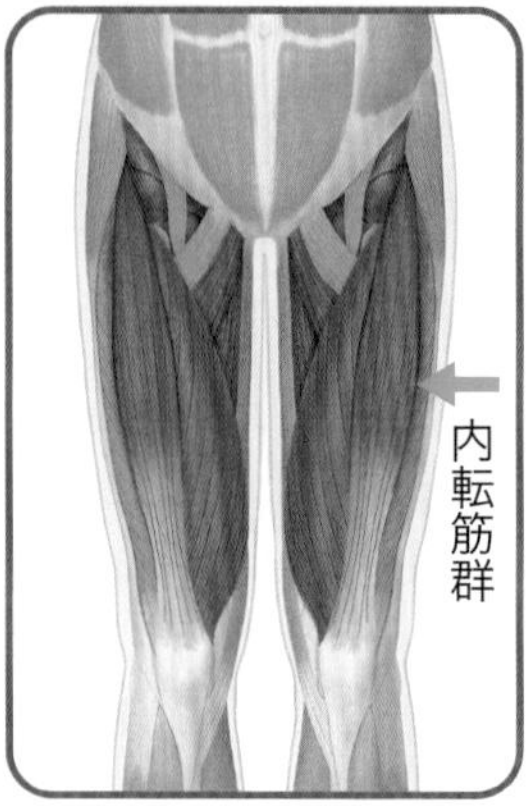

内転筋群《ないてんきんぐん》は太ももの内側にある大内転筋、短内転筋、長内転筋、恥骨筋、薄筋の総称です。股関節を屈曲・伸展させて脚を上げたり後ろに引いたり、内転して脚を体の内側に振る時に働きます。

中臀筋や大腿筋膜張筋とともに骨盤の安定を保っているため、内転筋群が硬くなって上手く働かないと、骨盤が横ブレし、段差以外でもつまずくことも。経験的にいえば、内転筋群がある脚とは反対側の中臀筋も硬くなるようです。

ひざを体の前で曲げて座り、両方の手のひらを重ねて、太ももの内側に当てる。軽く押しながら、1分ほどかけてまんべんなくさする

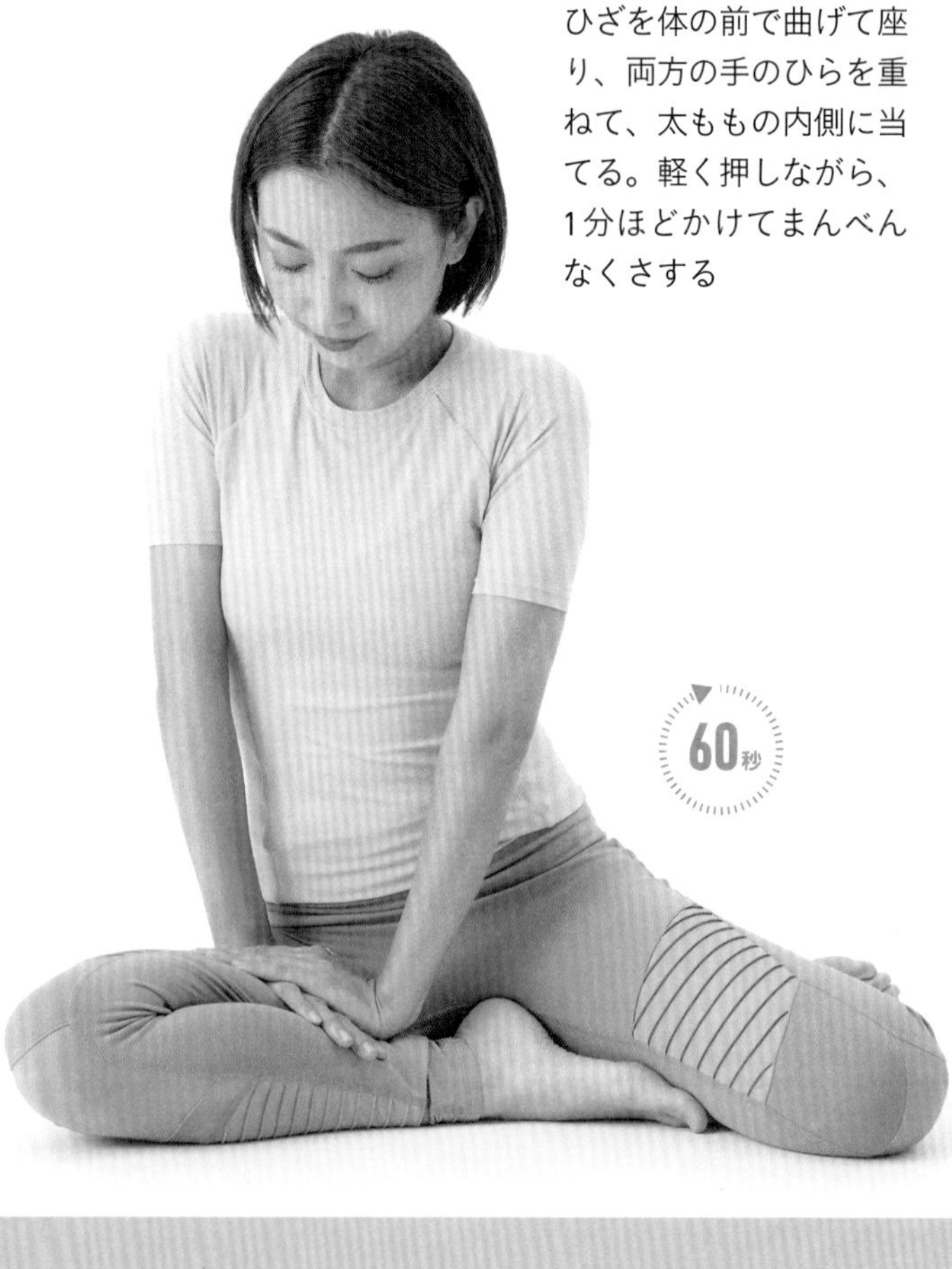

筋膜アプローチ
Myofascial Approach

内転筋群が硬くなっていると、太ももの内側をちょっとつまんだだけでも痛みがあります。感覚的にデリケートな筋肉なので、手のひらで押し、さするようにして筋膜にアプローチします。ストレッチ後に足が横に開きやすくなっていることを感じてください。

1 横に置いたローラーに太ももを当てるだけでも、太ももの重さで刺激が入る

2 平泳ぎのようにひざを上げ下げすると、さらに深く刺激が入る

壁に対して45度の角度で仰向けになり、伸ばす方の脚を壁に引っかけて30秒キープする。ひざは伸ばしきらなくてもOK

静的ストレッチ
Static Stretching

壁を利用して内転筋群のストレッチをします。壁を使うことで体の力が抜け、呼吸も自然にできるので、効果的なストレッチになります。壁に対して45度の角度で寝て行いますが、余裕がある人は上半身を壁に近づけると、ストレッチがより深くなります。

1 壁に対して45度の角度で仰向けになり、伸ばす方の脚を壁に引っかけて3秒間、かかとで壁を押し続ける

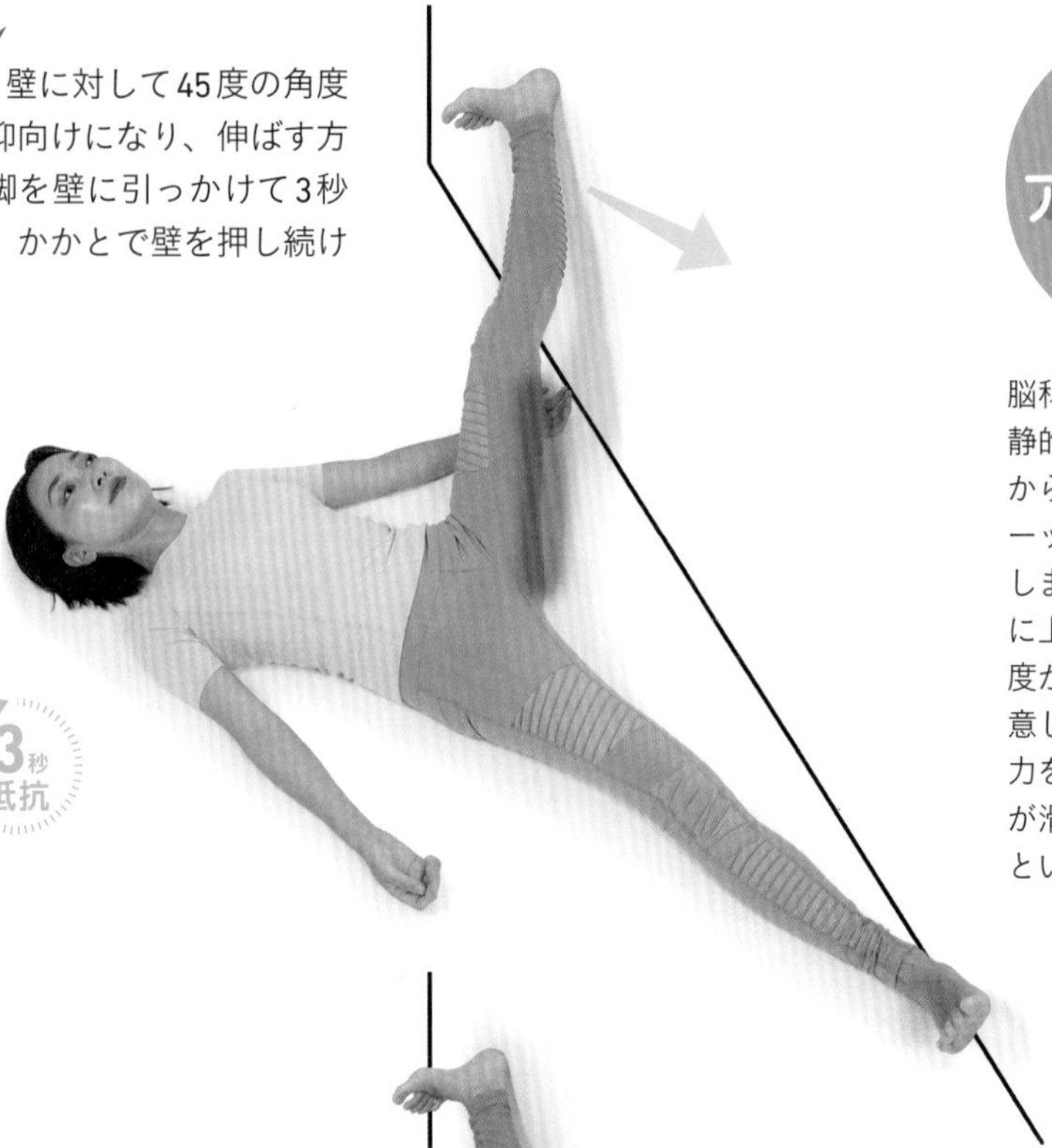

3秒
抵抗

脳科学アプローチ
Neuroscience Approach

脳科学アプローチは、静的ストレッチの姿勢から、かかとで壁をグーッと押し続けて抵抗します。押している時に上体が床で滑って角度が緩まないように注意してください。体に力を入れないために床が滑らない場所で行うといいでしょう。

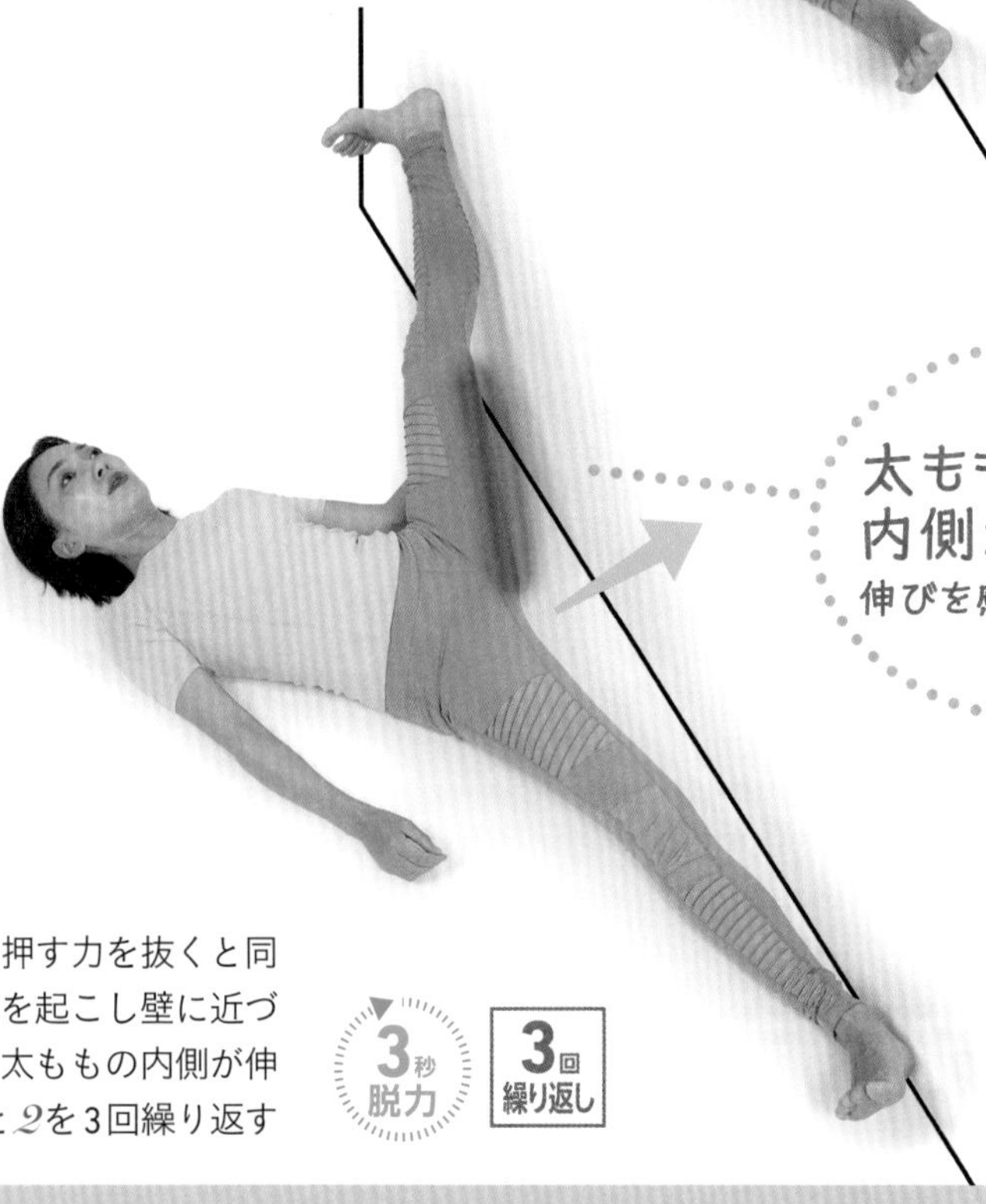

太ももの内側から裏側の伸びを感じましょう

2 壁を押す力を抜くと同時に上体を起こし壁に近づけると、太ももの内側が伸びる。1と2を3回繰り返す

3秒
脱力

3回
繰り返し

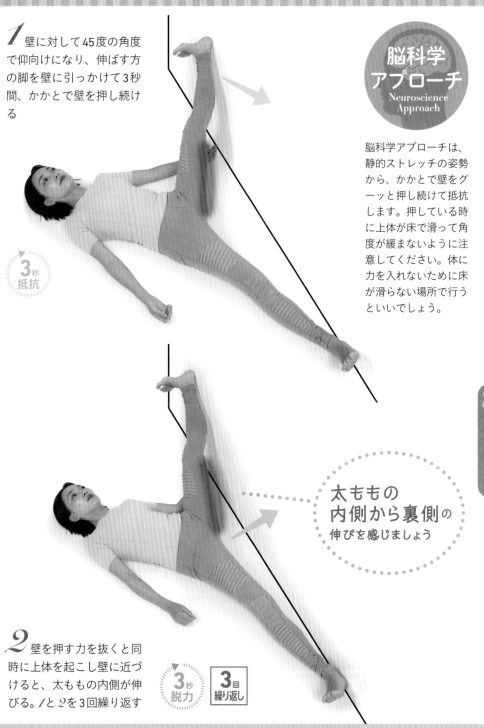

㉑ 大腿筋膜張筋 外側広筋 のストレッチ

大腿筋膜張筋《だいたいきんまくちょうきん》と、大腿四頭筋の一つの外側広筋は、太ももの外側にある筋肉です。

これらの筋肉が硬くなると、ひざの外側をまたいですねにつく腸脛靭帯《ちょうけいじんたい》に負担がかかり、ひざの外側が痛むことがあります。また、歩く時に股関節が外側に回ってしまい、足を真っ直ぐ前に出せず、スムーズに歩けなくなります。太もも内側の筋肉とのバランスが重要なので、内側、外側ともにストレッチで柔軟性を保っておきましょう。

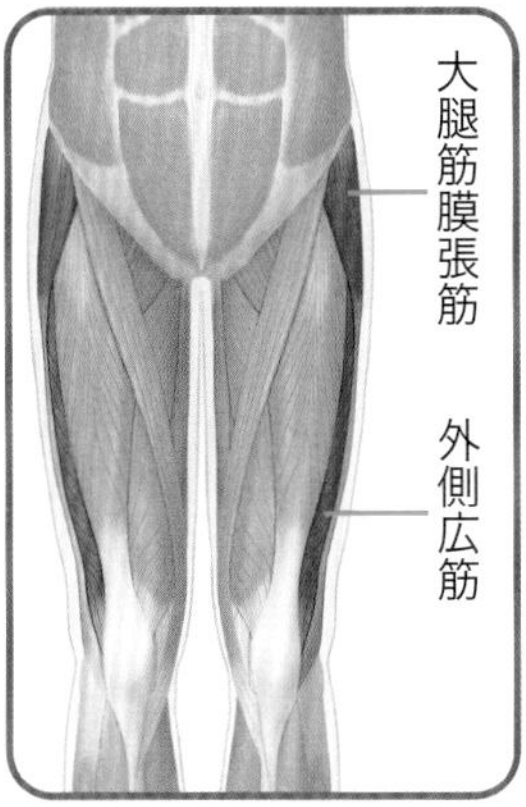

1 太ももの横にローラーを当て、クロスした脚と腕で体を支える

2 刺激の強さを調節しながらローラーを転がし、30秒まんべんなくアプローチする

筋膜アプローチ
Myofascial Approach

フォームローラーを太ももの外側に当て、筋膜にアプローチします。中臀筋へのアプローチと同じですが、ローラーを当てる場所がお尻ではなく太ももになります。前にクロスした脚と腕でバランスや体重のかけ具合を調節してローラーを転がしますが、強い刺激を感じるところなので、ローラーを当てるだけでもかまいません。

30秒

ローラーの刺激が強すぎる場合は、手でアプローチする。手首に近い手のひらの部分で軽く力をかけながら、太ももの外側をさする

ローラーを転がしてもOK！

背中を丸めると太ももが伸びないので、背すじはまっすぐ伸ばす

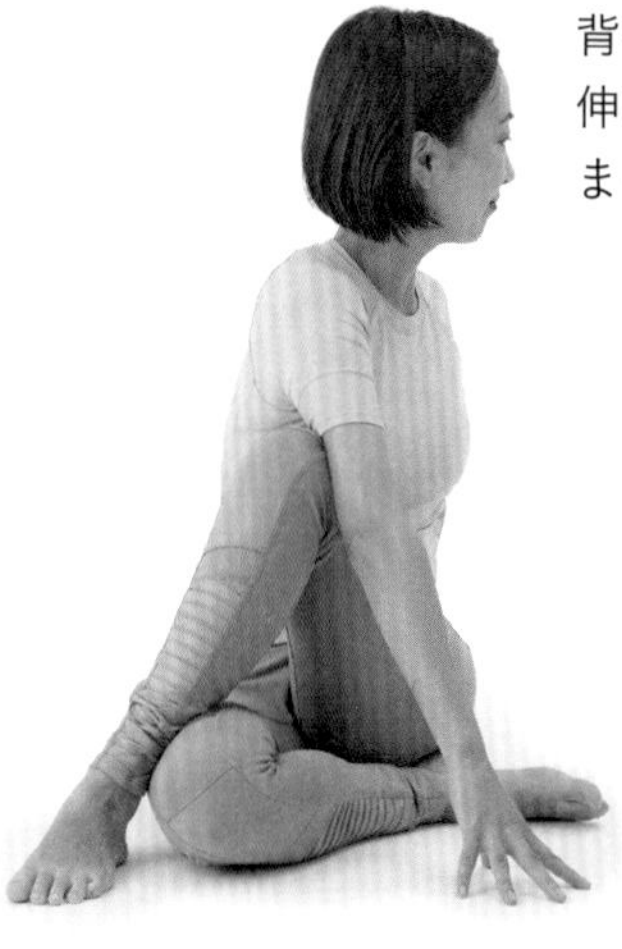

静的ストレッチ
Static Stretching

太もも外側は静的ストレッチで十分伸びるので、脳科学アプローチは行わなくてOK。クロスした脚のひざに反対側のひじをかけて上体をひねります。ひじでひざを押すとより深くストレッチできます。

30秒キープ

脚をクロスして座り、片方のひざを立てる。反対側のひじを立てたひざに引っかけ、太もも外側方向に上体をひねる。この状態を30秒キープする

㉒ハムストリングスのストレッチ

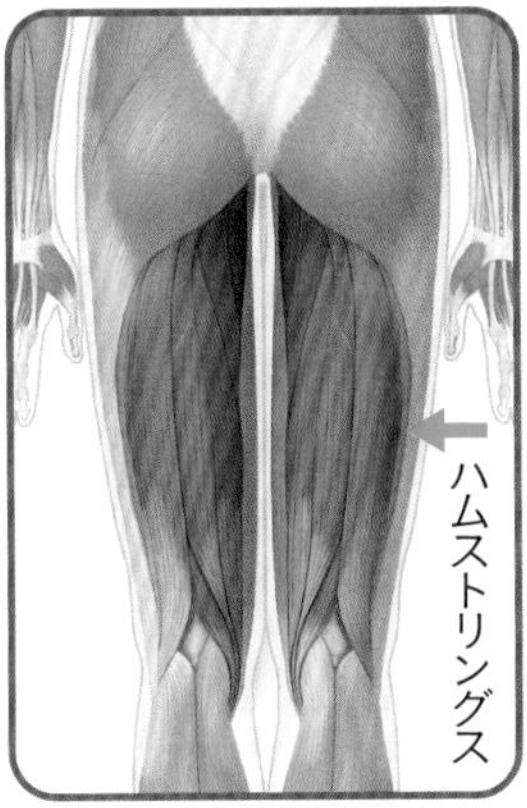

太ももの裏側にある大腿二頭筋、半腱様筋、半膜様筋を合わせてハムストリングスと呼んでいます。主にひざを曲げる動きを担い、股関節を伸展して脚を後ろに引く時にも働きます。

　ハムストリングスが硬くなると、骨盤が後ろに傾き腰痛の原因になります。また、ひざを伸ばす動きがスムーズでなくなり、歩行に影響が出ます。大きな筋肉なので、柔らかくすると代謝や血流が上がることも期待できます。

筋膜アプローチ
Myofascial Approach

フォームローラーを当てるだけではあまり刺激を得られないため、脚を大きく内側外側に倒して刺激を入れます。肉離れを起こしやすい筋肉なので、就寝前や隙間時間に積極的に実践してください。

10回 繰り返し

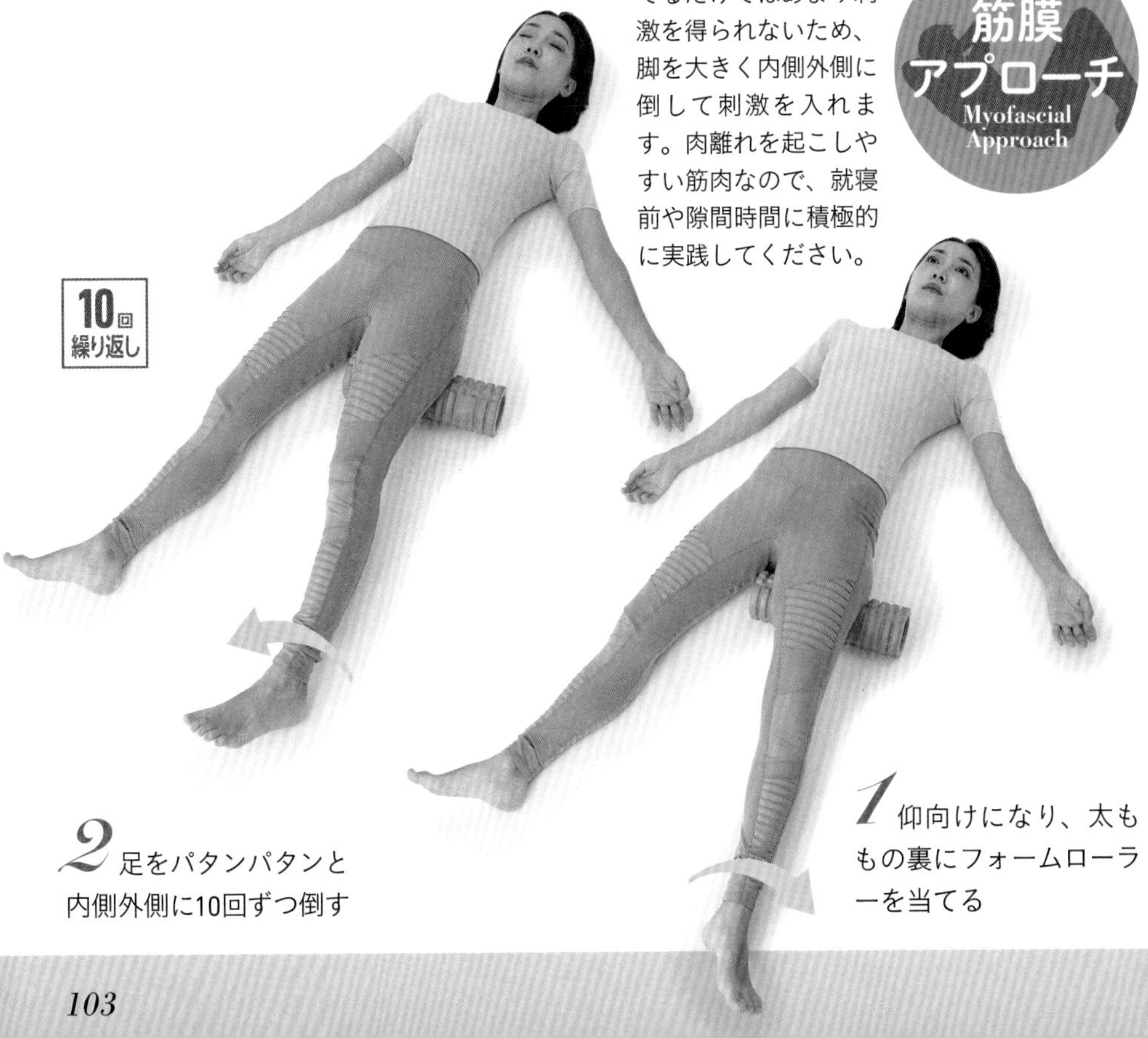

1 仰向けになり、太もも裏にフォームローラーを当てる

2 足をパタンパタンと内側外側に10回ずつ倒す

Advenced
余裕のある人は

1 筋肉と接する面が小さいテニスボールを使うと、より刺激が入る

2 テニスボールを太ももの裏に当て、腕で体を支えながら前後に転がす

太ももの重さで
強い刺激が
入ります

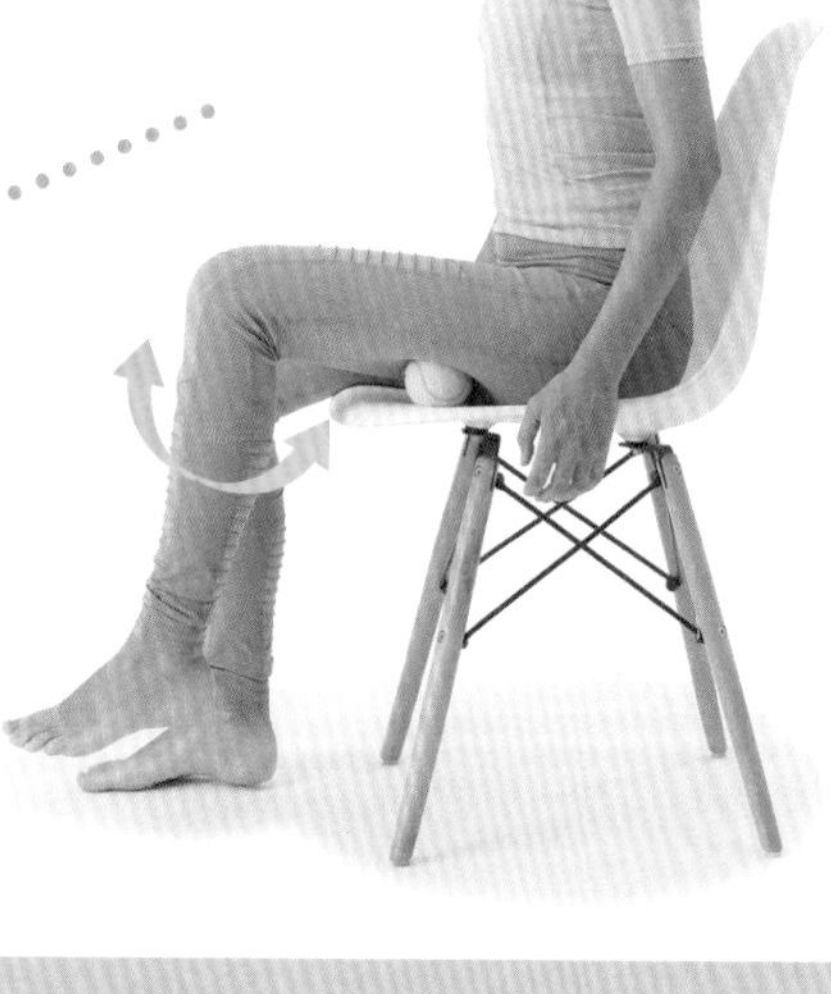

イスに腰かけて、テニスボールを当てた方のひざを大きく曲げ伸ばしすると、さらに強い刺激が入る

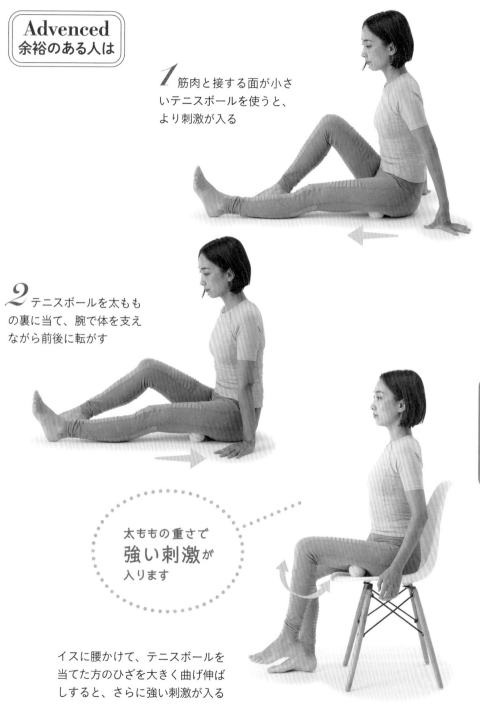

静的ストレッチ
Static Stretching

1 両ひざを曲げずに座位姿勢になり、伸ばす方の足にタオルを引っかける

いわゆる前屈の姿勢ですが、体が後ろに倒れてしまう人は太ももの裏が硬く、手が足の指先に届かないことが多いので、タオルを利用してストレッチします。背すじを伸ばしたまま前屈できるよう、タオルの長さを調節して行うのがポイントです。

2 背すじを伸ばしたまま、タオルを引っ張って前傾し、30秒キープする

Advenced
余裕のある人は

体が柔らかくなってきたら、手で足の指先を持って、ゆっくり前屈する

ひざを立てるように反対側の脚をクロスしてストレッチすると、さらに深いストレッチになる

脳科学アプローチ
Neuroscience Approach

伸ばす方の足にタオルを引っかけて胸の方に引き寄せます。その力に対し、脚を床方向に降ろす力で抵抗します。抵抗と脱力を繰り返すことで太もも裏側が柔らかくなり、脚を上げる角度が広がってきます。

ひざは伸ばしたまま
太ももの裏に
力を入れます

1 伸ばす方の足にタオルを引っかけて胸の方に引っ張る。引っ張る力に対し、脚を床方向に降ろすように3秒間抵抗する

3秒
抵抗

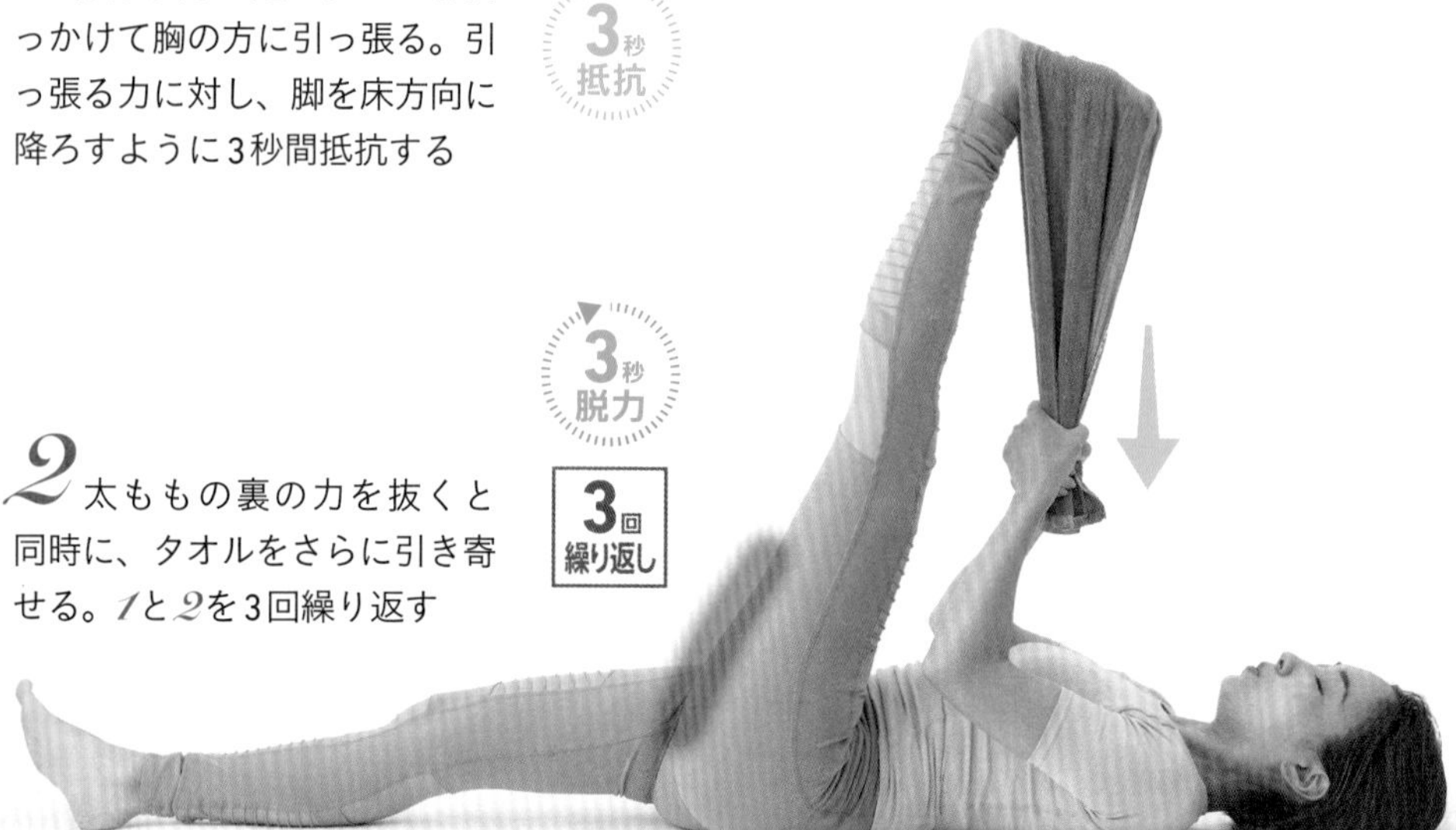

3秒
脱力

2 太ももの裏の力を抜くと同時に、タオルをさらに引き寄せる。*1*と*2*を3回繰り返す

3回
繰り返し

㉓ ひらめ筋 腓腹筋 のストレッチ

いわゆるふくらはぎの筋肉で、ひらめ筋と腓腹筋《ひふくきん》を合わせて下腿三頭筋とも呼びます。つま先を下に向けたり、かかとを上げたりする時などに働きます。歩く、走る、ジャンプするなどの動作に大きく関わり、硬くなるとこれらの動作がしにくくなります。「第二の心臓」として血液を心臓に押し戻す働きもあり、硬くなると血行不良やむくみの原因になります。また、「こむら返り」も起きやすくなります。

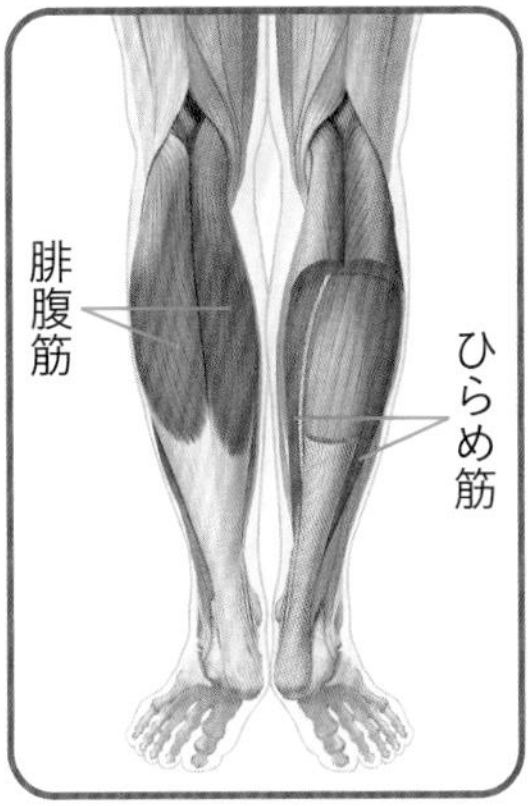

筋膜アプローチ
Myofascial Approach

ふくらはぎはアキレス腱とつながっていますが、アキレス腱は伸び縮みしないので、ふくらはぎの膨らんでいる場所にフォームローラーを当てて、アプローチしましょう。

1 フォームローラーをふくらはぎに当て、足先を内側外側に往復10回倒す

10回 往復

2 片脚だけ行うと、その脚が動かしやすくなったり温かく感じたりするので、確認してみよう

Advenced 余裕のある人は

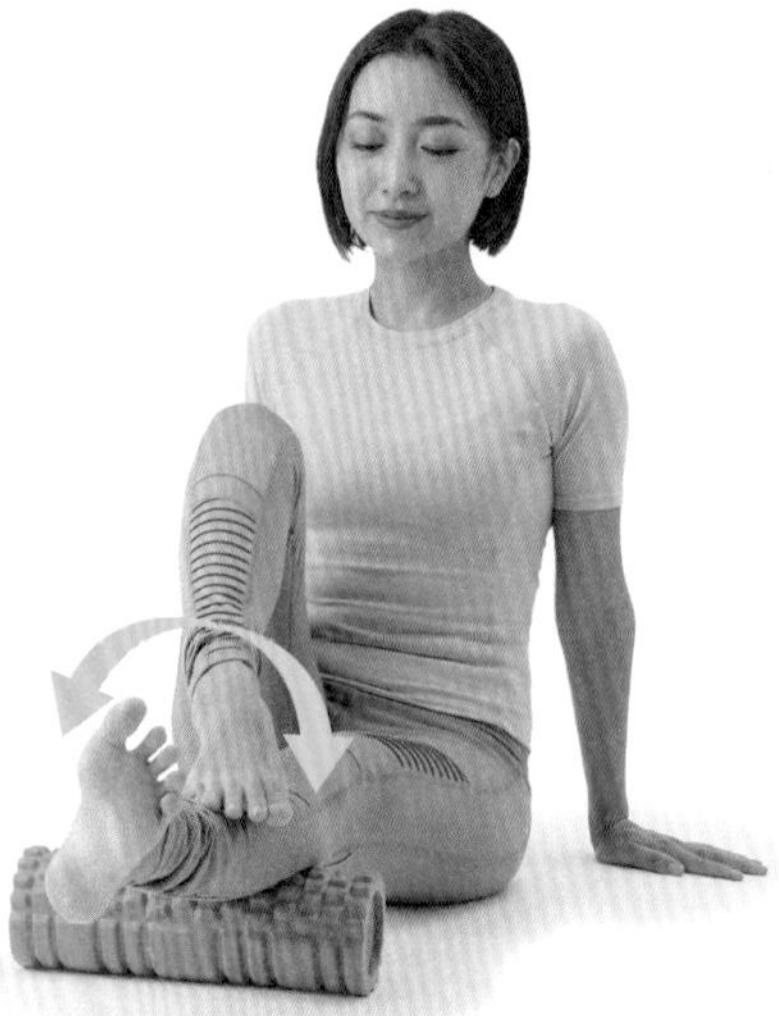

2 足首を回しながら内側外側に倒すと、より深くアプローチできる

1 ローラーに乗せている方のすねに、反対の足を乗せて重さをかけると、深い刺激が入る

下の足は、
足首を回しながら
左右に倒して
みましょう

両腕で体を支え、お尻を浮かせてストレッチすると、さらに効果が高まる

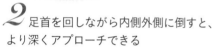

1 正座で行う方法。太ももとふくらはぎでローラーを挟み、腕で調節しながら体重をかける

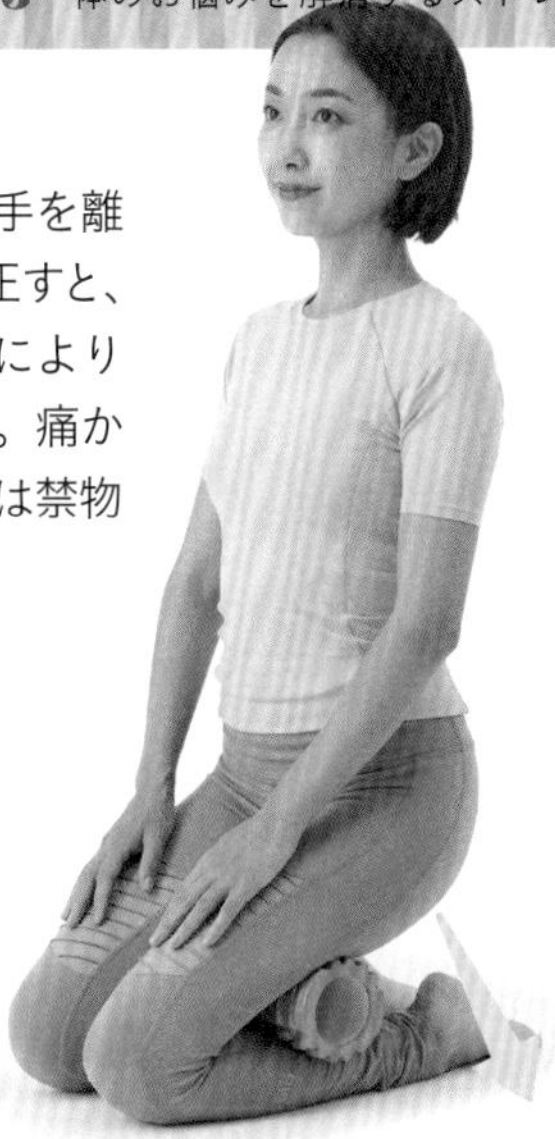

2 床から手を離し、姿勢を正すと、ふくらはぎにより刺激が入る。痛かったら無理は禁物

静的ストレッチ
Static Stretching

ひざを伸ばして行うと腓腹筋が、ひざを曲げて行うとひらめ筋が、主にストレッチされます。どちらかを伸ばすのではなく、ふくらはぎ全体を伸ばしましょう。

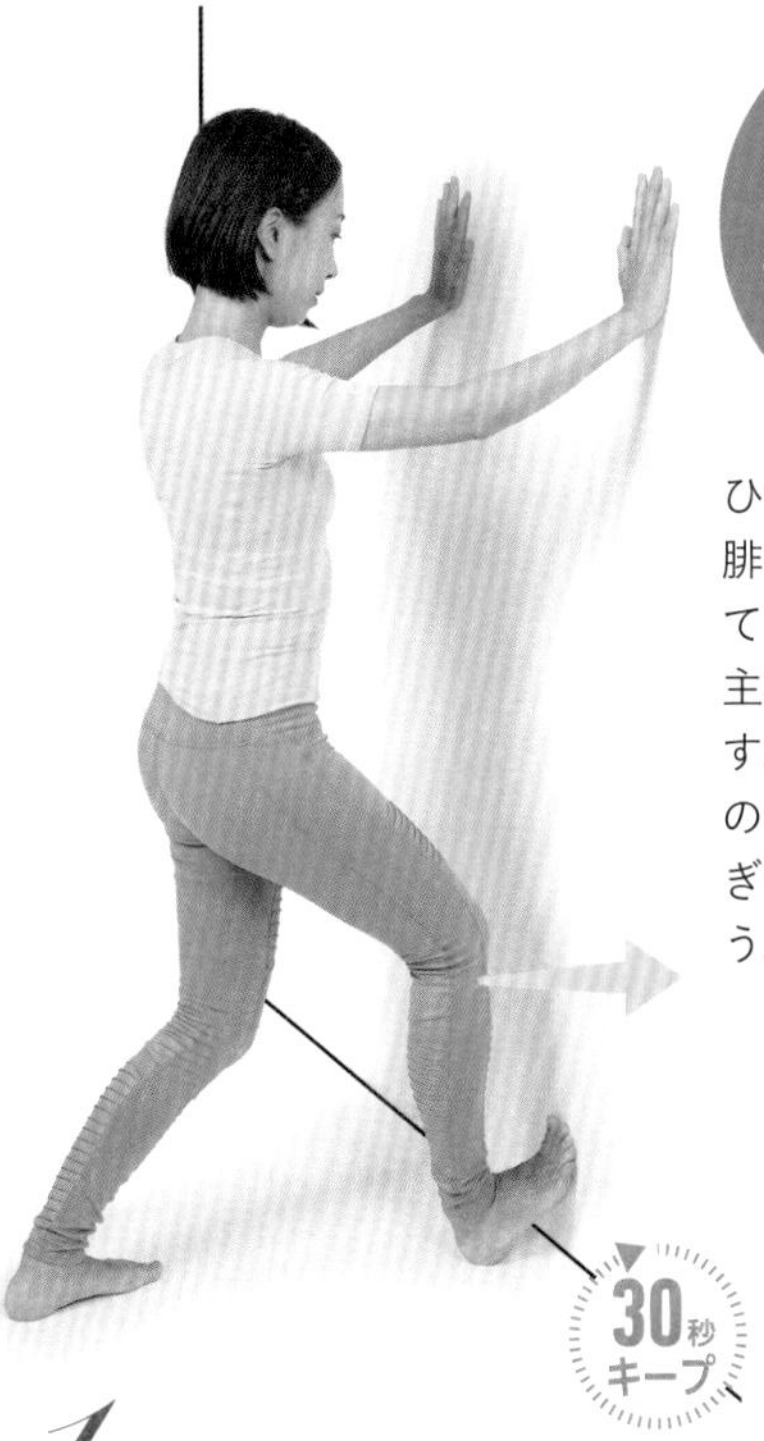

1 壁につま先をつけてひざを少し曲げ、30秒ひらめ筋をストレッチ

2 曲げていたひざを伸ばし、30秒、腓腹筋を刺激する

脳科学アプローチ
Neuroscience Approach

ひらめ筋と腓腹筋で、少し違ったポーズでの脳科学アプローチです。イスや段差を使う方法でひらめ筋にアプローチでき、タオルを使った方法で腓腹筋にアプローチします。

〈ひらめ筋〉

3秒 抵抗

1 イスにつま先を乗せ、手でひざを下に押す。かかとで上に押し戻して3秒抵抗する

3秒 脱力

3回 繰り返し

2 脱力してかかとを落とす。*1*と*2*を3回繰り返す

〈腓腹筋〉

3秒 抵抗

1 タオルを片方の足先に引っかけ、お腹に向けて引っ張る。引っ張られる力に対し、足先でタオルを戻すように3秒抵抗する

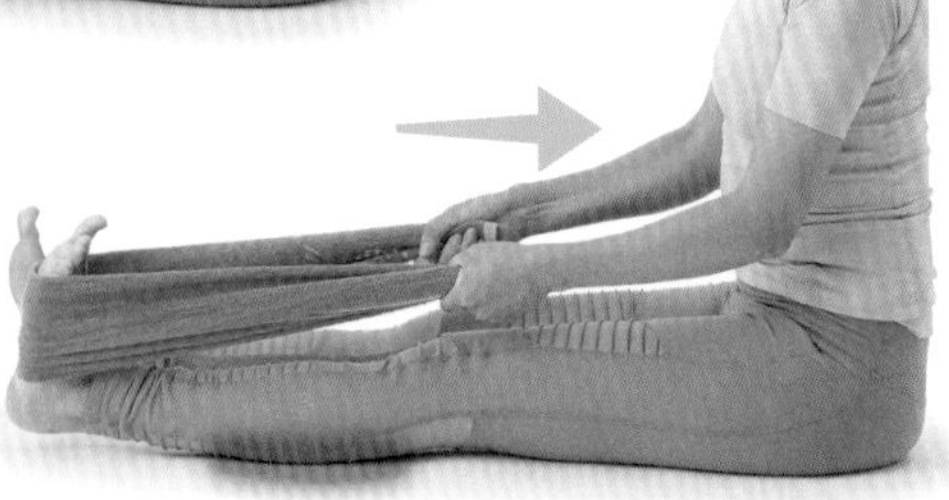

3秒 脱力

3回 繰り返し

2 足先の力を抜いて脱力すると同時に、タオルを短く持って引っ張る。*1*と*2*を3回繰り返す

㉔前脛骨筋のストレッチ

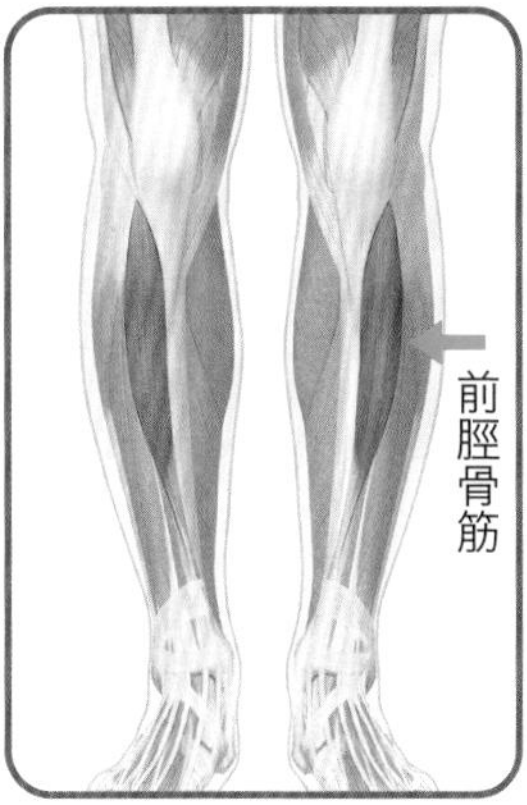

前脛骨筋《せんけいこつきん》はすねの前側にある筋肉で、足首を曲げてつま先を上げる時に働きます。サイズや形が合わない靴を履いている人や、ランニングの時にかかとから着地せずにペタペタと走る人は、前脛骨筋に負担をかけています。

前脛骨筋が硬くなると、つま先が上がりにくくなります。ストレッチする部位としては一般的ではありませんが、つまずいたり転倒したりと、生活の質にも影響するので、ぜひトライしてください。

筋膜アプローチ
Myofascial Approach

前脛骨筋は歩く、走るなどを担う普段から使っている筋肉の割には、ストレッチする機会が少ない部位です。これを機会に、ぜひ筋肉と筋膜を整えてください。

丸めたタオルを使ってもOK！

すねのやや外側の筋肉にフォームローラーを当てて、30秒キープする。かける重さを調整して行う

30秒キープ

Advenced
余裕のある人は

基本の筋膜アプローチの姿勢から、お尻を浮かして前後にフォームローラーを動かすと、より深い刺激が入る

腕で体重を支えると
刺激の強さが
調節できます

お尻を落としてフォームローラーに体重をかけると、さらに深い刺激が入って効果的

静的ストレッチ
Static Stretching

筋膜アプローチでほぐし、静的ストレッチで伸ばせば、脳科学アプローチは必要ありません。静的ストレッチはイスに座ってつま先を立てて行います。デスクワーク中や、124ページの「エスカレーターでストレッチ」とセットで行ってもいいでしょう。

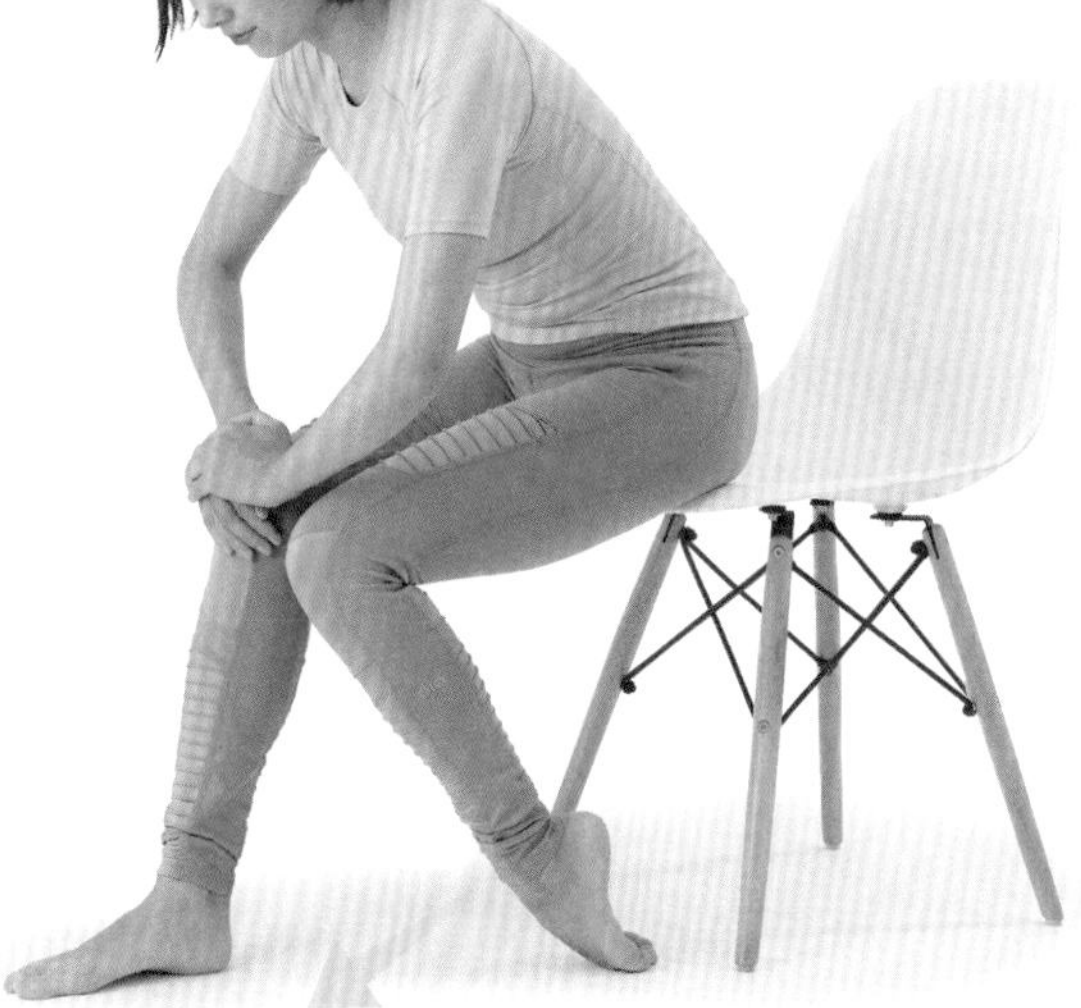

1 イスに座り、片方のつま先を立てた状態から前かがみになり、すねを30秒ストレッチする

30秒

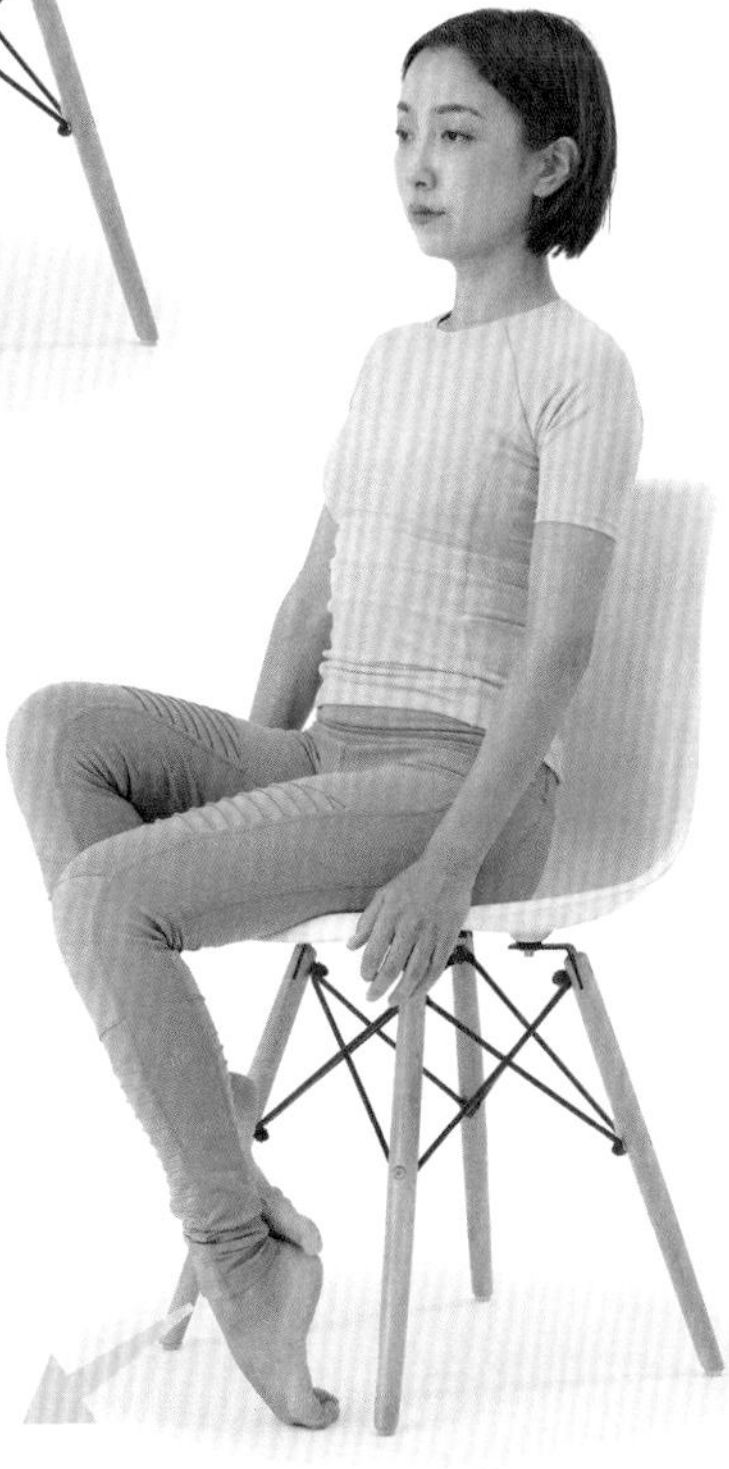

イスに座る方法だと指先が痛い場合は、手でつま先を引き寄せるようにして筋肉を伸ばすといい

2 余裕のある人は、反対の足をかかとに乗せて、下に押しながらストレッチするとより筋肉が伸びる

コラム❸

柔軟ストレッチは体を動かす以外にもメリットがある

近年の研究結果で、体の硬さと動脈硬化についての相関を考察したものがあります。20歳から83歳までの男女526人を対象に行った調査によると、特に中高年層において体が硬い人ほど動脈硬化の進行が早いことが示されました(※1)。そして、一過性とはいえ、ストレッチが動脈硬化を減少させるという驚きのデータもありました(※2)。

また、更年期および抑うつ症状のある日本人女性に対象を絞った調査では、毎日の就寝前のストレッチで、それらの症状を低下させることが示されました。ストレッチにより自律神経系の変化が見られ、睡眠の質が改善したとも考えられます(※3)。

このような研究報告を見ると、日々の柔軟ストレッチで体を柔らかくすることは、健康を維持する上でとても大切だといえるでしょう。

余談ですが、お酢を飲むと体が柔軟になるというデータはありませんでした。

柔軟性向上とお酢との間に「直接的」な因果関係があるか不明ですが、お酢を飲むことで血行がよくなり、疲労回復への効果が期待できます。その結果、それが手助けとなり「間接的」に体を柔軟にする効果はあるかもしれません。

まずは適度な運動とストレッチを行うことが、健康への近道であることは確かです。

【文献】

※1 Yamamoto K, Kawano H, Gando Y, Iemitsu M, Murakami H, Sanada K, Tanimoto M, Ohmori Y, Higuchi M, Tabata I, Miyachi M. Poor trunk flexibility is associated with arterial stiffening. Am J Physiol Heart Circ Physiol. 2009 Oct;297(4):H1314-8. doi: 10.1152/ajpheart.00061.2009. Epub 2009 Aug 7. PMID: 19666849.

※2 Yamato Y, Hasegawa N, Fujie S, Ogoh S, Iemitsu M. Acute effect of stretching one leg on regional arterial stiffness in young men. Eur J Appl Physiol. 2017 Jun;117(6):1227-1232. doi: 10.1007/s00421-017-3609-x. Epub 2017 Apr 10. PMID: 28397006.

※3 Kai Y, Nagamatsu T, Kitabatake Y, Sensui H. Effects of stretching on menopausal and depressive symptoms in middle-aged women: a randomized controlled trial. Menopause (New York, NY), 2016; 23 (8) : 827.

Session 4
毎日の生活のなかで「〜ながら」ストレッチ

ストレッチを習慣化するために
日常生活でよくある行動と同時にできる
「〜ながら」ストレッチをご紹介します

歯磨きしながらストレッチ

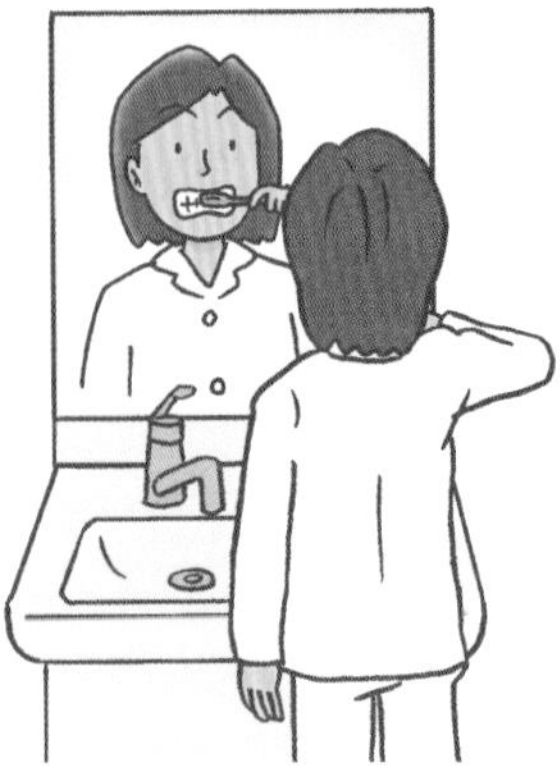

皆さんは毎日、最低でも朝晩2回は歯磨きをするでしょう。1回の歯磨きにかける時間は2〜3分。歯磨き前の数十秒間を使いストレッチをすることで、首や肩の筋肉を緩めることができます。

私たちの頭は体重の約10%の重さがあるといわれています。その重い頭を支えているのは首や肩の筋肉です。これらの筋肉を柔らかくすることで、首や肩のこりはもちろん、頭痛の予防にもなります。

首の根元を押さえる
力は気持ちいい
くらいでの強さで

1 伸ばす側の肩に反対の手をかけて、気持ちいいくらいの強さでギューッと押すように圧をかける。圧をかけるポイントは、肩先や中央ではなく、首の根元

押さえる力を
緩めないで
頭を倒しましょう

2 押さえた力を緩めないよう注意しながら、頭を反対側に倒して首の側面を伸ばす

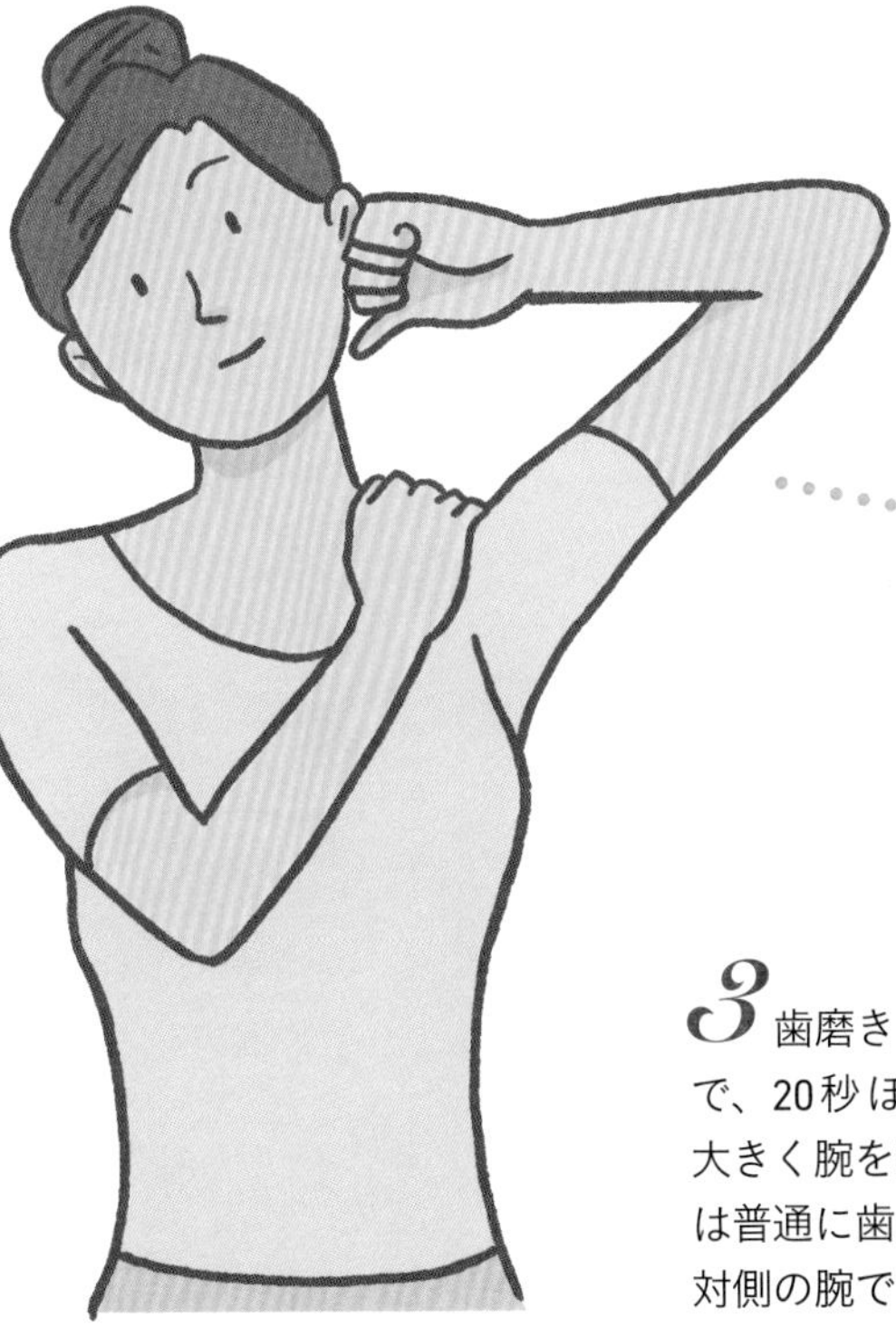

歯磨きの動きは
少しオーバー
なくらいに

3 歯磨きをするイメージで、20秒ほどゆっくりと大きく腕を動かす。その後は普通に歯磨きをして、反対側の腕でもストレッチ

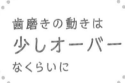

トイレタイムもストレッチ

トイレで用を足し終わったら、少しだけ時間を作ってストレッチをしてみましょう。洋式トイレで行うのが前提です。便座に腰かけたまま、壁に手をついて上体を前に傾けるだけで、二の腕や胸の筋肉を伸ばすことができます。

　このストレッチを行うと、腕や肩が軽くなります。また、猫背やスマホ姿勢、巻き肩などで縮こまった胸の筋肉が伸びることで、大きくて深い呼吸ができるようになります。

ストレッチは必ず
用を足し終えて
から行いましょう

1 用を足し終わったら、背すじを伸ばす。両脚は自然な幅に開く

上体を前傾する際
猫背にならない
よう注意して

2 両手を肩の高さで壁につき、背すじを伸ばしたまま上体を前傾する。手を体の真横より少し後ろに引いて壁につくと、より深いストレッチに

壁についた手を
軽く押しながら
上体を倒しましょう

3 両手が壁に届かない場合は、片手でストレッチ。できるだけ高い位置で壁に手をつき、壁を軽く押しながら上体を前傾する。正面を見て、胸をまっすぐ倒す意識で行う

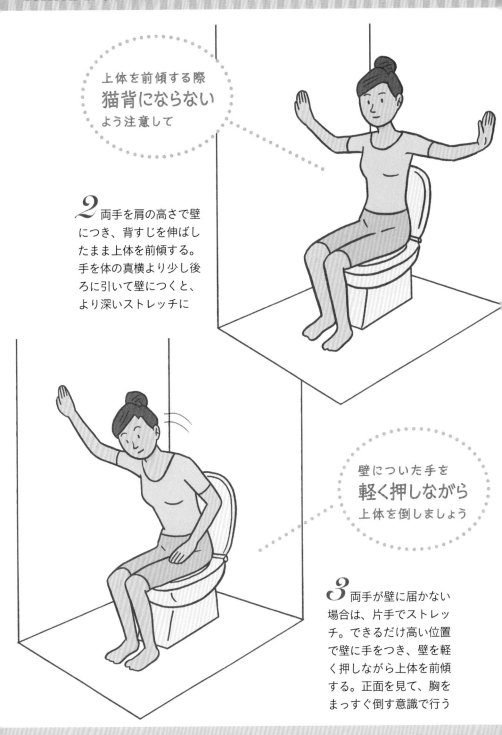

寝る前にベッドでストレッチ

足がむくむ、足が冷たくてなかなか寝つけない、などの症状がある人は、ふくらはぎが硬くなっているかも。寝る前は最もリラックスできる時間です。この時間を利用して、筋膜に圧を加える筋膜アプローチ系のストレッチを行いましょう。第2の心臓といわれるふくらはぎを緩めて血流がよくなると、むくみや冷えの予防になります。テレビを見ながらや入浴中など、日常の場面でストレッチを！

アキレス腱からひざの近くまで
まんべんなく

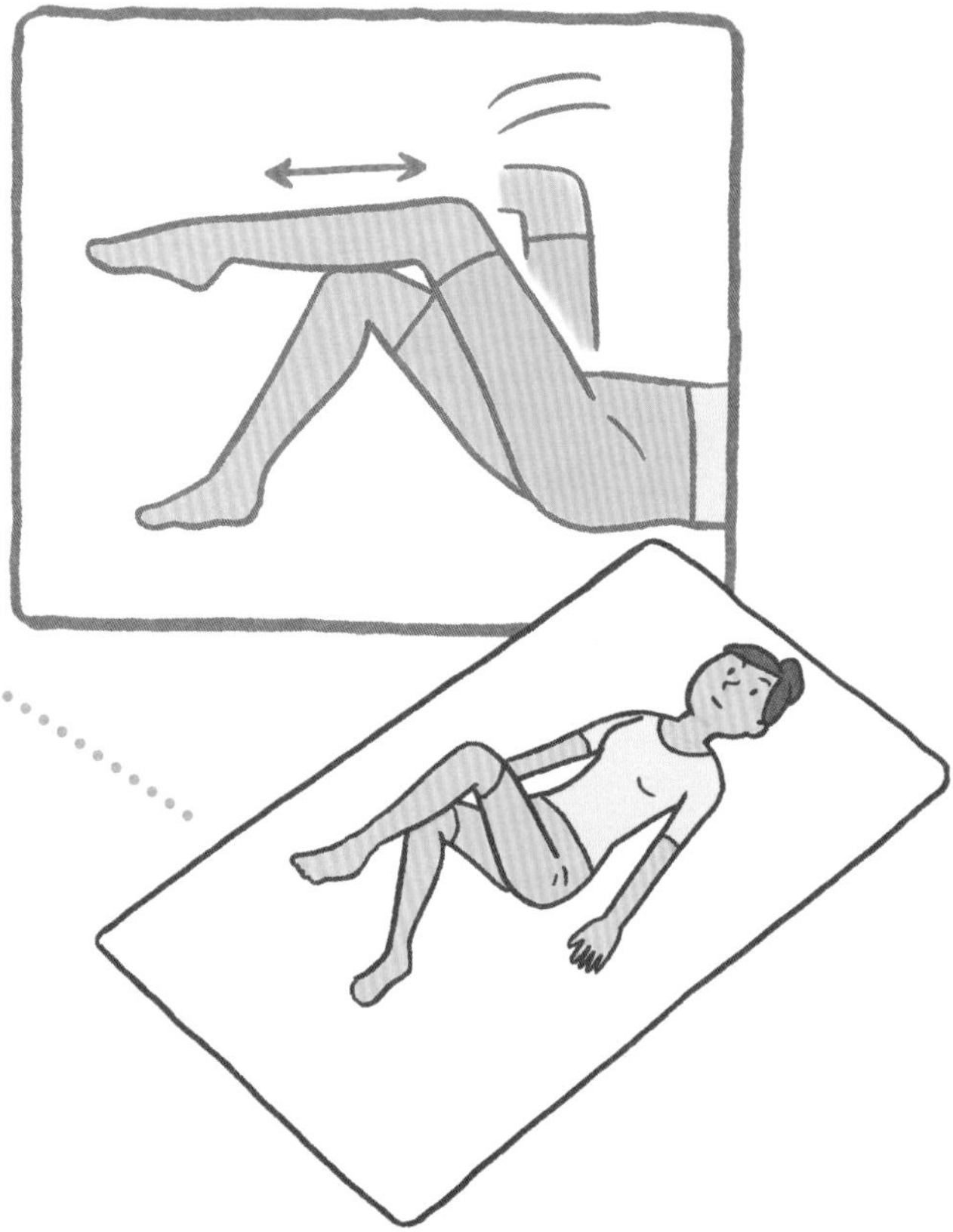

1 仰向けになり、片方のひざを立てて反対側の脚のふくらはぎを乗せる。脚の重さでふくらはぎに圧を加えながら、乗せた脚を前後に動かし、まんべんなくふくらはぎを刺激する

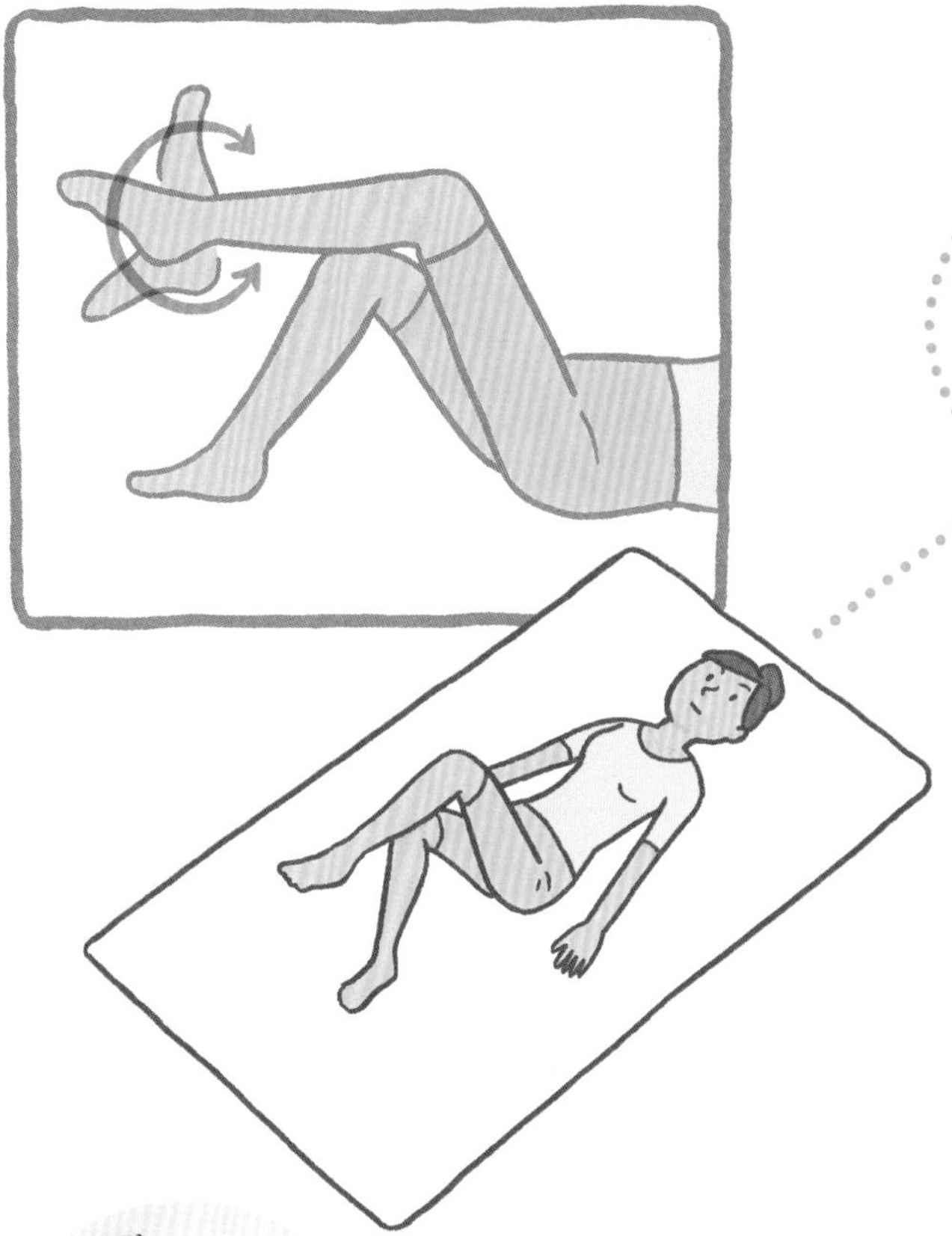

足首をゆっくりと
大きく回す
意識で

2 ふくらはぎをまんべんなく刺激したら、足首を内回り、外回りにそれぞれ10回ほどゆっくりと回す。ひざに当てるふくらはぎの場所をいろいろ変えると、さらに効果的

入浴後は体が温まっているので、ストレッチをするにはベストタイム。ベッドに入る前、あるいはベッドの上で、タオルを使って体の後ろ側を伸ばしましょう。

風呂上がりのストレッチ

1 片方の足にタオルを引っかけてひざを伸ばし、両手でタオルの端を持つ

2 腕を伸ばして体を後ろに倒し、首を両腕の間に入れて背中を丸める。もう片方の足でも行う

職場のデスクでストレッチ

仕事でパソコンのキーボードやマウスを使う時間が増えたという人も多いでしょう。また、リモートワークなどでデスクの前に座っている時間も増えています。

　集中のあまり硬直した姿勢やパソコンをのぞき込むような姿勢を長時間続けると、体のあちこちが固まってしまいます。1時間に1度はストレッチを行い、下半身の血流の低下や、肩と腕の筋肉疲労を予防しましょう。

両手で座面をつかみ
体を安定させると
やりやすい

1 イスをデスクから少し引き、片方のひざの上に反対の脚のふくらはぎを乗せる。乗せた脚を上下左右に動かし、まんべんなくふくらはぎを刺激する

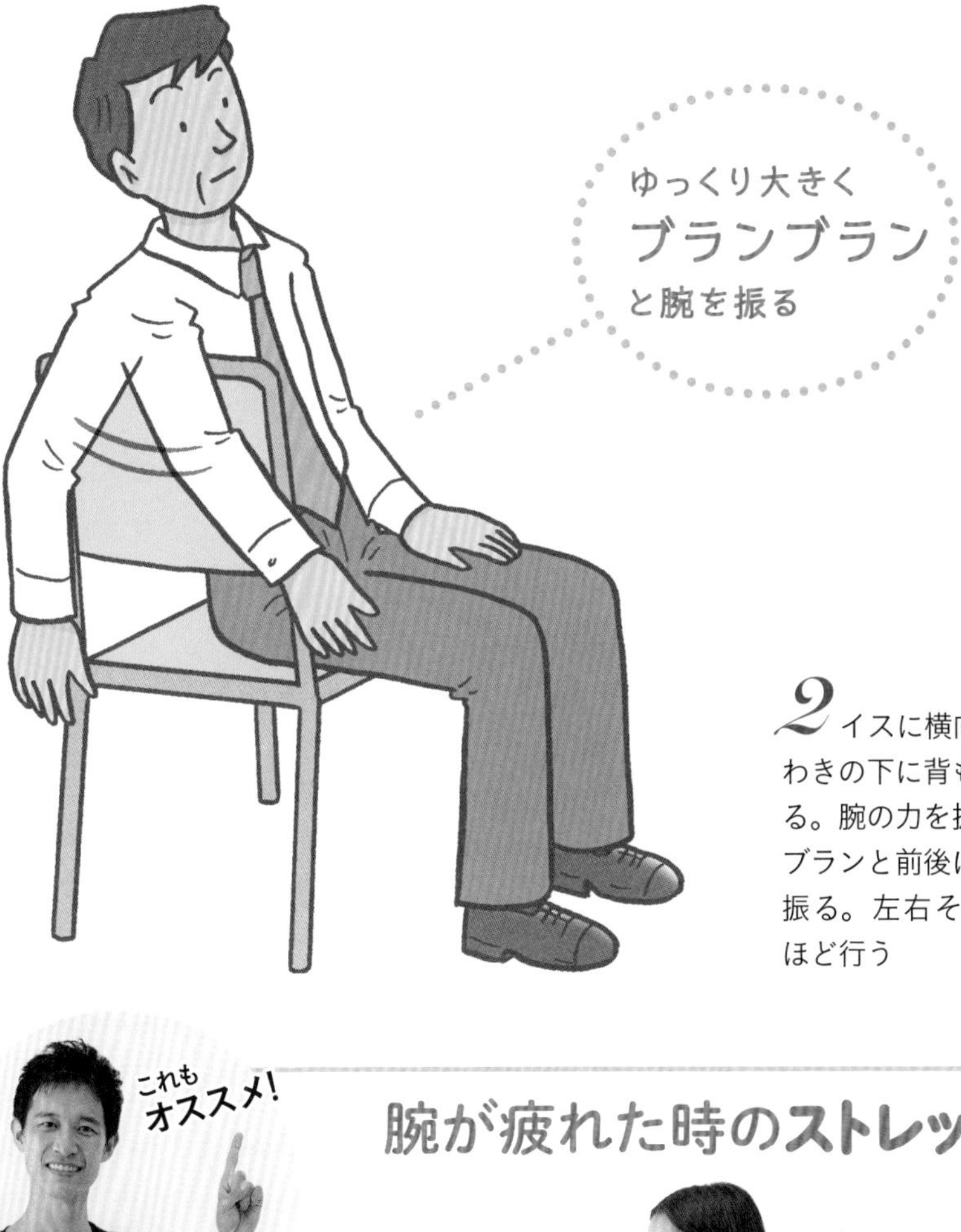
ゆっくり大きく
ブランブラン
と腕を振る

2 イスに横向きに座り、わきの下に背もたれを当てる。腕の力を抜き、ブランブランと前後に大きく腕を振る。左右それぞれ10秒ほど行う

これも
オススメ!

腕が疲れた時のストレッチ

パソコン作業などで、ひじから先の前腕に張りが出たり疲れてきたりしたら、腕のストレッチを。イスに座ったままできるので、いつでも気軽にリフレッシュできます

1 前腕を強く握ったまま、手首を内側に回す

2 次に反対側に回す。ぞうきん絞りをする感覚で

エスカレーターでストレッチ

エスカレーターに乗っている時間を利用して、ストレッチするのもおすすめです。
　足首やふくらはぎ、太ももの裏側が緩んで、歩くスピードが速くなります。ストレッチの際は、転倒しないよう安全のために反対側の手は手すりベルトを持ってください。
　普段から下半身のストレッチ（85ページ〜）を行って、股関節の可動域を広げておきましょう。

手をひざに当てると
体重がかかって
伸びやすい

1 伸ばす方の足のつま先をエスカレーターの上の段にかけ、かかとを押し下げてふくらはぎをストレッチ。*1*〜*3*のストレッチは混雑時を避け、空いている時に行うこと

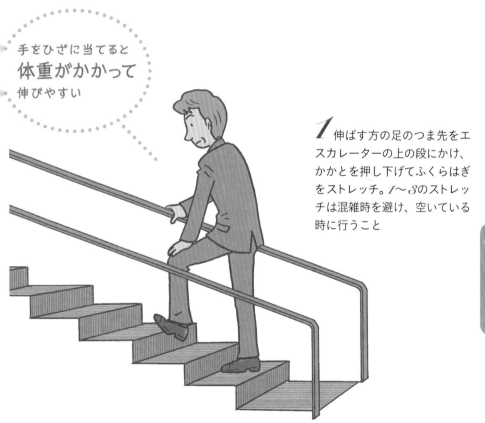

股関節から
足首まで
脚は**一直線**に！

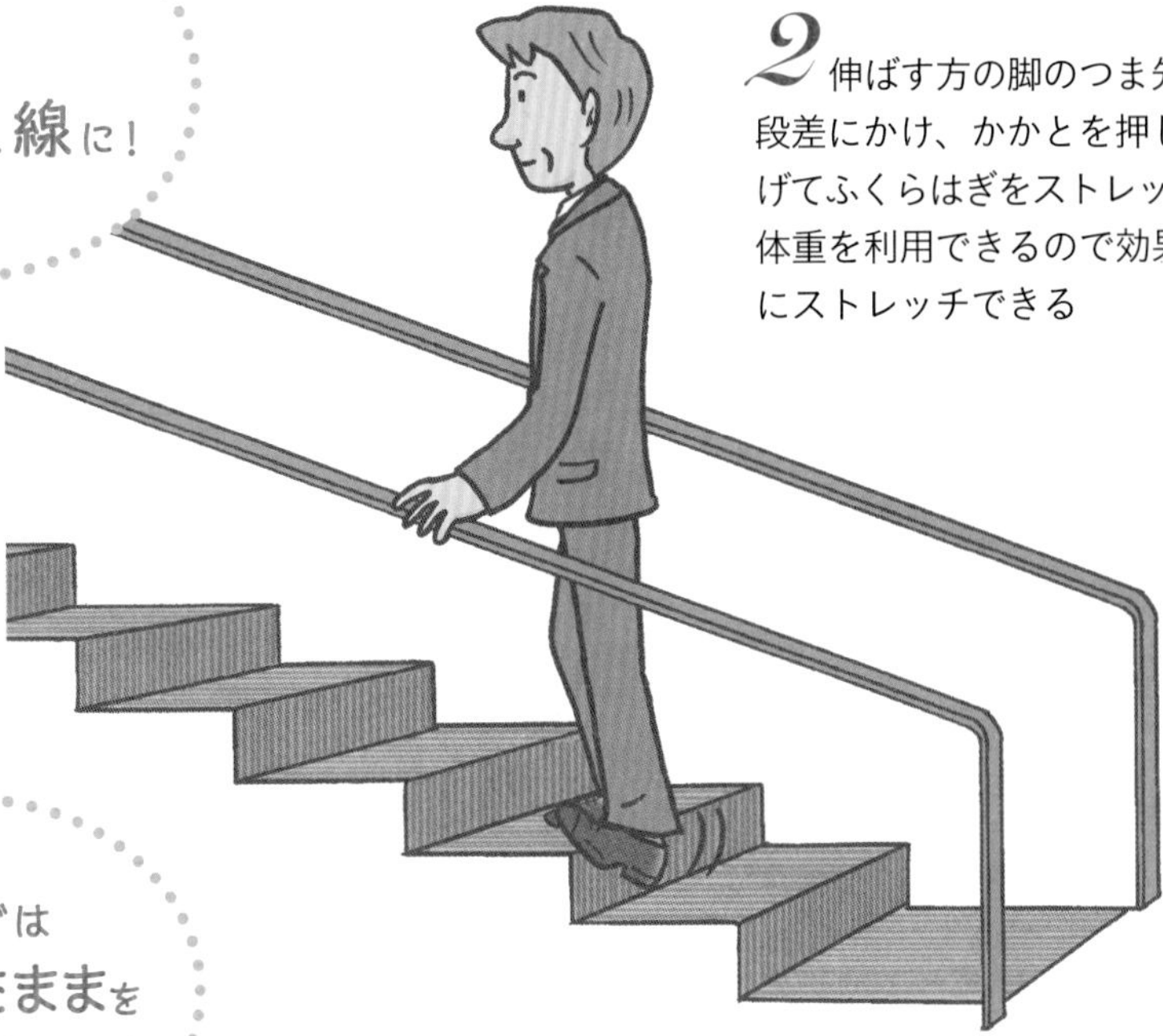

2 伸ばす方の脚のつま先を段差にかけ、かかとを押し下げてふくらはぎをストレッチ。体重を利用できるので効果的にストレッチできる

両脚のひざは
伸ばしたままを
意識してストレッチ

3 上の段に伸ばす方の脚のかかとを乗せる。ひざが曲がらないよう注意しながら上体を前傾させて、太ももの裏側をストレッチする

おわりに

柔軟人生に遅すぎることはありません

トップギアストレッチをやってみて、いかがでしたか？　体を伸ばすことが楽しくなり、歯磨きやトイレに行くように日々の習慣になれば、かつてない柔軟性が身につき、生活の質も変わることでしょう。

体の硬さに自信があった方は、「ローラーをコロコロするだけでも効く！」という部位もあったのではないでしょうか。続けることで徐々にマイルドになりますので、あきらめずにトライしてみてください。

さて、私自身はもともと激硬人間で、運動も苦手でした。大学を卒業して約10年は普通の営業マンで、現在とはまったく異なる仕事をしていました。柔軟な体に変わる転機になったのは、20代後半に趣味で始めたフィギュアスケートとの出会いでした。

柔軟性が上がればケガの予防になり、きれいに滑ることもできる！　とストレッチに夢中になり、移動時間の合間を縫って時を惜しまず体を伸ばしました。そして、硬かった体は数年をかけて驚異の目で見られるほどに柔軟になりました。ストレッチを教える仕事に転じたのは、そんな自分の経験を世に伝え「柔らかくなりたい夢や憧れ」を多くの人にかなえてほしいと思ったからです。

読者の皆さまは、現状を変えたいという思いがたくさんあると思います。「千里の道も一歩から」あるいは「遠きに行くは必ず邇《ちか》きよりす」といった言葉があるように、ストレッチも小さな積み重ねが大事です。そして小さな変化に気づいたら、その変化を大切にしてください。焦らなくても大丈夫です（難しいなあ、続かないなあと思う方は、「ながらストレッチ」からチャレンジを！）。

ストレッチをすることで、年齢を問わず体は柔らかく動かしやすくなります。加齢を止めることはできませんが、老化（硬化）は体を動かすことで抑制できます。私のレッスンには老若男女さまざまな方がお見えになります。中には立った状態からブリッジができるまでになった70代の熱心な方もいて、年齢を重ねても夢を持ち続けたいものだと、私自身も元気をいただいています。

「動けるようになりました！」という言葉と笑顔が、私にとっての生きがいです。本書を通じてより若々しく、ストレッチを好きになっていただけたら、著者としてこれ以上の喜びはありません。

本書は多くの方々の支えによって世に送り出すことができました。お声がけをいただいた青文舎の西垣成雄様をはじめ、関係者の皆さま、出演をご快諾いただいたモデル、体験者の皆さまへ、心より感謝申し上げます。

近い将来、皆さまと直接お会いできることを楽しみにしております。

1日1mm.
1年36.5cm.
継続は、力なり
村山 巧

村山 巧（むらやま たくみ）

柔軟美®トレーナー。1984年生まれ。前屈しても手が床に届かない超合金のような状況から、27歳の時に趣味で始めたアイススケートをきっかけに柔軟な体を手に入れようと決意。ヨガや解剖学を含め、国内外のさまざまな書物・セミナーに触れ、自分自身の体を通じて柔軟性の研究を重ね、驚異の柔らかさを手に入れる。10年間のサラリーマン生活を経て、2016年に柔軟美トレーナーとして活動を開始。銀座のスタジオを拠点に、全国各地への出張レッスンに飛び回っている。短時間で劇的な変化を導き出すことで参加者から絶大な支持を集め、新体操、チアダンス、フィギュアスケート、バレエをはじめ、各地のクラブチームなどで好評を博している。ストレッチ関連著書は累計21万部を突破。著書に『自分史上最高の柔軟性が手に入るストレッチ』（かんき出版）、『かた〜い子どもの体が一瞬で伸びるキッズストレッチ』（マキノ出版）などがある。

ストレッチデザインWeb　https://stretchdesign.jp/
インスタグラム　https://www.instagram.com/ir_takumi/
ツイッター　https://twitter.com/ir_takumi

動ける体を取り戻す！
人生100年いきいき動ける大人のストレッチ

第1刷　2021年 12月31日

著　者　村山 巧
発行人　小宮英行
発行所　株式会社 徳間書店
〒141-8202　東京都品川区上大崎3-1-1
目黒セントラルスクエア
電話　編集（03）5403-4344／販売（049）293-5521
振替　00140-0-44392

編集協力　眞木 健
装丁・DTP　若菜 啓
撮　影　尾島翔太
イラスト　今崎和広、横井智美
企画・編集　青文舎（西垣成雄）、大室 衛
印刷・製本　図書印刷株式会社

©Takumi Murayama 2021 Printed in Japan

＊参考文献：『新版 からだの地図帳』（講談社）

＊本書は独自の理論をもとに、著者が考案したストレッチを紹介するものです。ストレッチによる体質改善などは生活習慣と密接な関係があり、そのため生活習慣によっては効果に個人差があったり、効果が期待できないこともあります。

本書の無断複写は著作権法上での例外を除き禁じられています。
第三者による本書のいかなる電子複製も一切認められておりません。
乱丁・落丁はお取り替えいたします。

ISBN978-4-19-865380-4